GALATEO

MODERNO

Il manuale della Buona Educazione e del Bon Ton per il nuovo millennio. Applica l'Etichetta nel mondo moderno

Giulio Tassoni

Nota Legale

Le informazioni contenute in questo libro e i suoi contenuti non sono pensati per sostituire qualsiasi forma di parere medico o professionale; e non ha lo scopo di sostituire il bisogno di pareri o servizi medici, finanziari, legali o altri che potrebbero essere necessari. Il contenuto e le informazioni di questo libro sono stati forniti solo a scopo educativo e ricreativo.

Il contenuto e le informazioni contenuti in questo libro sono stati raccolti a partire da fonti ritenute affidabile, e sono accurate secondo la conoscenza, le informazioni e le credenze dell'Autore. Tuttavia, l'Autore non può garantirne l'accuratezza e validità e perciò non può essere ritenuto responsabile per qualsiasi errore e/o omissione. Inoltre, a questo libro vengono apportate modifiche periodiche secondo necessità. Quando appropriato e/o necessario, devi consultare un professionista (inclusi, ma non limitato a, il tuo dottore, avvocato, consulente finanziario o altri professionisti del genere) prima di usare qualsiasi rimedio, tecnica e/o informazione suggerita in questo libro.

Usando i contenuti e le informazioni in questo libro, accetti di ritenere l'Autore libero da qualsiasi danno, costo e spesa, incluse le spese legali che potrebbero risultare dall'applicazione di una qualsiasi delle informazioni contenute in questo libro. Questa avvertenza si applica a qualsiasi perdita, danno o lesione causata dall'applicazione dei contenuti di questo libro, direttamente o indirettamente, in violazione di un contratto, per torto, negligenza, lesioni personali, intenti criminali o sotto qualsiasi altra circostanza.

Concordi di accettare tutti i rischi derivati dall'uso delle informazioni presentate in questo libro.

Accetti che, continuando a leggere questo libro, quando appropriato e/o necessario, consulterai un professionista (inclusi, ma non limitati a, il tuo dottore, avvocato, consulente finanziario o altri professionisti del genere) prima di usare i rimedi, le tecniche o le informazioni suggeriti in questo libro.

Indice

Introduzione 1

La Storia del Galateo (o Etichetta) 2

Il Galateo nella Società Odierna 5

Regole Basilari del Galateo 7

Galateo per Signore 10

11 Regole Essenziali di Etichetta per Gentiluomini Moderni 14

Il Galateo a Cena 26

Galateo della Conversazione: 5 Cose da Fare e da Non Fare 32

10 Consigli sull'Etichetta dei Social Media per Account Personali & Aziendali 42

Galateo in Aula e Linee Guida di Comportamento per gli Studenti .. 51

Galateo per le riunioni su Zoom: 15 consigli e migliori pratiche per le riunioni in videoconferenza online 56

Le 10 Regole più Importanti di Etichetta da Seguire per le Presentazioni 63

Galateo delle E-mail: 10 regole d'oro per mandare e-mail di lavoro 69

Le 50 regole d'oro per il buon galateo negli incontri di affari 75

14 Sorprendenti Regole di Etichetta Reale che Nemmeno la Regina Può Infrangere 102

13 Strane Regole d'Etichetta da Tutto il Mondo 107

7 Regole Bizzarre di Galateo del Passato 112

Introduzione

Alcuni sostengono che il galateo non abbia più importanza, che le regole di buona condotta siano antiquate e fuori moda. Tuttavia, ciò non è affatto vero. Il galateo, come tutti gli altri comportamenti culturali, si evolve per adeguarsi ai tempi. Senza il galateo, i membri della società mostrerebbero troppa impazienza e mancanza di rispetto l'uno per l'altro, il che porterebbe a insulti, disonestà, imbrogli, aggressività al volante, risse e un'ondata di altri incidenti sfortunati.

Il galateo è solo un insieme di linee guida per l'educazione e le buone maniere, la gentilezza con cui dovremmo sempre trattarci l'un l'altro. Sarà sempre importante!

La Storia del Galateo (o Etichetta)

La parola "etichetta" significava "stare alla larga dall'erba". Quando il giardiniere di Luigi XIV a Versailles scoprì che gli aristocratici calpestavano i giardini, affisse dei cartelli, o étiquets, per metterli in guardia, ma duchi e duchesse passarono comunque. Alla fine, il re stesso dovette decretare che nessuno doveva oltrepassare i limiti delle étiquets. Il significato del galateo è stato poi ampliato fino a includere il biglietto di ingresso agli eventi a corte che elencava le regole su dove stare e cosa fare.

Come il linguaggio, il galateo continua ad evolversi, ma in un certo senso significa ancora "stare alla larga dall'erba". Quando ci manteniamo entro i limiti flessibili del galateo, diamo alle relazioni la possibilità di evolvere, diamo a noi stessi la possibilità di crescere e siamo in grado di presentarci con maggiore fiducia e autorità in tutti gli ambiti della nostra vita professionale e personale.

Fino agli anni '60, l'insegnamento delle buone maniere era considerato parte integrante dell'educazione dei bambini. Le scuole pubbliche e private includevano il galateo come parte di un programma di studi ben articolato, mentre le scuole di etichetta erano specializzate nell'insegnamento del buon costume, del portamento e delle buone maniere a tavola.

I liberali anni '60 e '70 hanno portato a un declino della popolarità dei programmi di galateo. Tuttavia, un rinnovato interesse per i valori tradizionali durante gli anni '80, '90 fino a oggi, insieme all'agguerrita concorrenza nel mondo degli affari, hanno reso il galateo uno strumento cruciale in grado di fornire un vantaggio competitivo.

I protocolli si osservavano già nel 2000 a.C. quando gli antichi Egiziani produssero il primo libro sull'argomento di cui siamo a conoscenza, intitolato Le istruzioni di Ptahhotep. Il libro è conservato nella Bibliothèque Nationale di Parigi ed è conosciuto come il Papiro Prisse Papyrus (dal nome del suo donatore alla biblioteca).

Il termine "protocollo" deriva da due parole greche, protos che significa "il primo" e kolla che significa "colla". Protocollum (scritto anche protokollon) si riferisce a un foglio di carta incollato sul fronte di un documento notarile che gli conferisce autenticità. Protocollum ben presto divenne sinonimo di processo di redazione di documenti pubblici ufficiali e, alla fine, il termine individuò i documenti stessi. Nel XIX secolo, il termine francese protocole diplomatique o protocole de la Chancellerie si riferiva al corpo di regole cerimoniali da rispettare nelle interazioni scritte ufficiali e personali tra i capi di stato o i loro ministri. Oggi, la parola protocollo serve come codice di cortesia internazionale che fonde la forma diplomatica con la cerimonia e il galateo. Nel mondo degli affari di oggi, il termine protocollo è spesso usato al posto di galateo perché suona più affaristico e ufficiale. Molte aziende hanno stabilito le proprie regole di protocollo come parte della loro cultura per garantire un funzionamento quotidiano senza intoppi.

Oggi, le esigenze personali e professionali del dirigente d'azienda nordamericano in ambito internazionale superano qualsiasi esperienza del passato. Il dirigente esperto deve saper esplorare i mercati esteri, sviluppare opportunità e padroneggiare le tecniche di conduzione degli affari in culture molto diverse. Che gli piaccia o no, il management equipara le buone maniere alla competenza negli affari e le cattive maniere all'incompetenza. Con la recente attenzione dei media per la mancanza di galateo nell'ambiente aziendale, molte importanti istituzioni finanziarie hanno adottato misure per riportare le buone maniere e il protocollo sul posto di lavoro. Lo sforzo che si fa per dare il buon esempio innalza gli standard per la condotta degli altri. Come ha detto Sydney Smith, "Le buone maniere sono come le ombre della virtù, sono la dimostrazione momentanea di quelle qualità che i nostri simili amano e rispettano".

Il Galateo nella Società Odierna

Il galateo di oggi svolge diverse funzioni importanti:

- Il galateo garantisce la sicurezza personale. Sapersi comportare in modo appropriato in una determinata situazione mette a proprio agio.

- Protegge i sentimenti degli altri. Una corretta etichetta richiede di mettere gli altri a proprio agio e di proteggere i loro sentimenti. Non si evidenziano e non si attira l'attenzione degli altri sugli errori altrui.

- Rende la comunicazione più chiara. L'etichetta migliora la comunicazione abbattendo le barriere, non erigendole.

- Migliorerà il vostro status lavorativo. In qualsiasi situazione, si verrà percepiti come più capaci, più professionali e più intelligenti se si ha familiarità con il corretto codice di condotta sul posto di lavoro.

- Aiuta a dare una buona prima impressione. I primi cinque-sette secondi dopo aver incontrato qualcuno sono cruciali. La prima impressione rimane nella mente dell'altra persona anche molto tempo dopo che se si è andati via. Se si usa il galateo in maniera corretta, la prima impressione sarà positiva.

La società e la nostra cultura stanno cambiando così velocemente che è difficile per le regole del galateo stare al passo. Con la stessa rapidità con cui viene pubblicato un libro di galateo, si sviluppa una nuova forma di comunicazione o un nuovo stile di incontri diventa di gran moda e qualcuno dichiara l'ultimo libro di galateo "irrimediabilmente superato". Tenete presente che il galateo vuole essere una linea guida, non un insieme di regole severe scolpite nella pietra. Queste linee guida sono sviluppate usando il buon senso, il senso della correttezza, l'educazione e soprattutto la considerazione per gli altri. Se lasciate che la considerazione per gli altri sia il vostro arbitro finale, sarete sulla buona strada per essere il tipo di persona educata che capisce istintivamente le regole del galateo.

Regole Basilari del Galateo

Siate voi stessi - e permettete agli altri di trattarvi con rispetto

Lasciamo che questa considerazione sedimenti. Voi siete perfettamente accettabili così come siete, e siete degni di essere trattati con cortesia. Limare gli spigoli del carattere può essere un processo che dura tutta la vita, e questo è davvero un buon momento per iniziare!

Dite "Grazie"

Quando qualcuno fa un complimento o qualcosa di carino per voi, la risposta migliore è un semplice "Grazie". Ricordate anche: "Per favore", "Scusatemi" e "Prego", che sono altri segni di buone maniere.

Fate dei Complimenti Sinceri

Una regola fondamentale delle buone maniere è dare. Quando si incontra qualcuno, si dovrebbe pensare a un complimento sincero da donare, insieme alla propria attenzione e al proprio interesse. Un "Ciao" o un "Come stai?" il più delle volte non sono sufficienti. Siate generosi con parole sincere di lode, saluti cordiali, simpatia, o qualsiasi cosa sia appropriata per l'occasione.

Non siate Vanagloriosi, Arroganti o Rumorosi

Quando siete in buona compagnia, esercitate sempre l'autocontrollo e il buon gusto. La vostra voce, il vostro comportamento e anche il vostro abbigliamento dovrebbero riflettere un'eleganza sobria. Non vantatevi dei risultati ottenuti; una persona educata non ha bisogno di auto-compiacersi. Lasciate che le vostre azioni parlino da sole.

Ascoltare Prima di Parlare

Il rispetto per gli altri è un requisito di buone maniere. Ascoltare gli altri è un modo per mostrare rispetto. Siate sinceramente interessati agli altri; imparate i loro nomi e incoraggiateli a parlare di sé. Non interrompere mai. Guardateli negli occhi e ascoltateli attentamente.

Parlate con Gentilezza e Cautela

Prima di parlare con gli altri, considerate che effetto avranno le vostre parole. Ricordate anche che il linguaggio del corpo (la vostra postura e i vostri modi di fare) è in realtà più importante del linguaggio delle parole.

Non Criticare o Lamentarsi

La negatività in qualsiasi forma è da evitare. Ignorate i pettegolezzi, non partecipate. Se non siete d'accordo con gli altri, fatelo presente con rispetto (accettate di non essere d'accordo). Dal momento che tutti noi abbiamo bisogno di sfogarci, riservate le vostre sessioni "stronze" ai vostri a uno o due amici più intimi/membri della vostra famiglia.

Siate Puntuali

Apprezzate il valore del tempo, vostro e degli altri. Se prendete un appuntamento, arrivate puntuali. Se arriverete in ritardo, avvertite prima. Non arrivate mai in anticipo per un impegno sociale (questo va bene in un ambiente di lavoro). Gli addii prolungati non fanno altro che causare frustrazione e possono rovinare un momento altrimenti positivo. Un'uscita rapida e semplice al momento giusto è di solito apprezzata.

Non Mettete in Imbarazzo gli Altri

Non prendetevi gioco di qualcuno con battute maleducate o con soprannomi sgradevole. In una conversazione, non fare mai domande imbarazzanti sulle relazioni, o chiedere quanto sia stato pagato un oggetto (le nonne dicono che discutere di soldi è "volgare"! Parola buffa, MA hanno ragione...)

Agite e Presentatevi al Meglio

Preparatevi con calma e fate attenzione a come vi presentate, sia nell'aspetto che nei modi.

Galateo per Signore

Come Essere una Donna Moderna

In un'epoca di sms e social media, è facile che le buone maniere cadano in disgrazia.

Ecco 12 cose da considerare per dare il meglio di sé.

1. Gossip girl.

Fate sempre del vostro meglio per stare alla larga dalle catene del gossip. È sconveniente diffondere i pettegolezzi, e quando se ne è al centro, è piuttosto doloroso. Ognuno combatte le proprie battaglie, e una signora non vuole sbandierare i panni sporchi di qualcun altro. Evitatelo come meglio potete, e CHIARAMENTE non diffonderete nulla attraverso i social media.

2. Pubblicare la foto o non pubblicare la foto.

In caso di dubbio, pensate: se mia nonna vedesse questa foto su Facebook/Instagram ne sarebbe orgogliosa? Vorreste che i vostri figli vedessero le foto che pubblicate tra 30 anni? Sono sicura che sei bellissima nel selfie col tuo nuovo bikini a pois, e ieri sera al club eri meravigliosa, ma pensa prima di postare.

3. Ricordate sempre "per favore" e "grazie".

Semplice ma vero. Per favore, e grazie, rendono il mondo un luogo più felice e più educato. Dall'ordinazione del cappuccino di soia da Starbucks alla conversazione con il sommelier a Le Bernardin, le buone maniere non invecchiano MAI.

4. Attenzione a non vantarsi.

A nessuno piacciono i vanagloriosi. Se avete pagato molto per quella borsa Chanel, avete una splendida casa estiva a Nantucket e uno yacht a St. Tropez, i vostri amici più cari lo scopriranno alla fine. Non c'è niente di più raffinato e attraente dell'umiltà.

5. Attente ai cocktails.

È difficile essere eleganti dopo un cocktail di troppo. Provate sempre a bere acqua tra un drink e l'altro, se potete. E se avete bevuto troppo, scusatevi e andate via.

6. Le buone maniere a tavola.

Leggete un corso di aggiornamento sulle buone maniere a tavola prima di una cena formale o di un matrimonio. Non può mai far male.

7. Fate una manicure.

Anche se non indossate lo smalto, tenete le mani pulite. Soprattutto in quest'era digitale, in cui tutti mostrano cose alle proprie cerchie sociali sui dispositivi mobili, le mani sono al centro dell'attenzione. Se avete un disperato bisogno di una manicure, toglietevi lo smalto e lucidate le unghie.

8. Gomma da masticare.

Se state masticando una gomma da masticare in pubblico, assicuratevi di non farlo rumorosamente. Inoltre, buttate la gomma da masticare prima di una cena, di un incontro o di un colloquio.

A troppi incontri di galà le donne indossano abiti meravigliosi, ma hanno la gomma in bocca. Che schifo!

9. Orli.

Quando si indossa una gonna o un vestito assicurarsi che copra COMPLETAMENTE la parte posteriore. Applicare anche qui la regola del numero 2. La nonna sarebbe orgogliosa di questo abbigliamento?

10. Fare conversazione.

Che sia a tavola, a un matrimonio, o mentre si trascorre del tempo con la famiglia e gli amici. Mettete giù il telefono. Ricordate che la conversazione è una vera e propria arte e, in fin dei conti, sono i rapporti che avete con le persone nella vita reale a dare forma alla vostra vita, non la foto di Instagram che vi è appena piaciuta.

11. Se siete in ascensore.

Ricordate queste regole essenziali (e per favore smettete di parlare al cellulare).

12. Siate gentili, educate e sicure di voi stesse.

La santa trinità dell'essere donna moderna.

.

11 Regole Essenziali di Etichetta per Gentiluomini Moderni

La cavalleria si evolve — siete al passo?

Un uomo saggio una volta disse che "un gentiluomo non è definito dal contenuto del suo portafoglio o dal taglio del suo vestito. È definito dalle sue maniere e dal suo carattere".

Sembra che i concetti di buone maniere e di galateo siano una razza in via d'estinzione al giorno d'oggi, una sorta di costruzione arbitraria caratteristica delle generazioni passate. Il galateo era una delle lezioni più importanti che un uomo potesse imparare - una lezione che lo aiutava ad andare avanti nella vita sociale e professionale e che lo predisponeva al successo. In una cultura di gratificazione istantanea, di pigrizia abituale (rispetto alle generazioni precedenti) e di maggiore uguaglianza tra i sessi (è una cosa straordinaria, ma che può aver fatto credere erroneamente agli uomini che le buone maniere non siano più necessarie se la donna sa prendersi cura di sé), l'importanza del galateo è caduta in secondo piano nel XXI secolo. Purtroppo, molti uomini oggi associano le buone maniere a opinioni negative: rigide, troppo antiquate, artificiose, imbarazzanti, e la lista continua.

Forse avete tentato invano di tenere aperta una porta per una donna solo per essere accolti con un brusco "Posso farlo da sola, grazie". Di questi tempi è difficile superare la linea sottile tra la genuina cortesia e l'apparire come un fenomeno da baraccone. Semplicemente il galateo non viene più insegnato come una volta. Come può un uomo sapere cosa fare quando i nostri unici riferimenti sono i programmi televisivi e i consigli obsoleti dei nonni? Come possiamo riportare in vita una pratica che la maggior parte della gente crede morta e trasformare le lezioni di galateo del passato in comportamenti pratici e accettabili nel presente? Come possiamo definire cosa dovrebbe significare il galateo per il gentiluomo moderno?

Ecco un elenco di 11 regole di galateo che vale la pena seguire nel XXI secolo, assieme alle origini di ogni regola (per rendere le cose un po' interessanti). Seguitele e rendete un po' di giustizia alla cavalleria moderna. Contiamo su di voi.

1. Lasciate l'ultimo Bottone della Giacca Sbottonato

Origine

Questa strana ma comune pratica della moda ha avuto origine a cavallo del XX secolo con il monarca britannico re Edoardo VII. Il re era noto per avere un sano appetito, un appetito che i suoi abiti reali non riuscivano a sostenere. Un giorno, sbottonò l'ultimo bottone del suo abito per darsi tregua dopo un abbondante pasto, ed essendo la celebrità reale che era, ben presto i membri della corte, e alla fine il resto del mondo, seguirono questa tendenza, rendendola la regola della moda che conosciamo oggi.

Come fare oggi

Questa è una regola che non è cambiata per niente. Lasciare il bottone finale della giacca sbottonato non è solo una regola di galateo, ma si è anche evoluta in una regola di moda che tutti gli uomini moderni devono seguire. Inoltre, è anche più comodo.

2. Tenere la Porta Aperta

Origine

Ok, le origini dell'apertura delle porte potrebbero non essere così cavalleresche come le loro implicazioni moderne vi fanno credere. Nel Medioevo e nel Rinascimento, le donne di alto rango indossavano per lo più gonne larghe e corsetti aderenti, rendendo difficile il movimento e l'apertura delle porte praticamente impossibile. Gli uomini aiutavano aprendo le porte alle donne, e la tradizione è diventata nel tempo associata a uomini di alto rango e adeguatamente istruiti. Molto tempo dopo che le gonne a cerchio, le sottovesti e i corsetti diventassero un ricordo del passato, gli uomini continuarono ad aprire le porte alle donne in segno di cortesia e di decoro.

Come fare oggi

Dimenticate la nozione trendy che tenere una porta aperta per una donna oggi non è altro che "sessismo benevolo". Al giorno d'oggi, perché non tenersi le porte aperte gli uni per gli altri senza considerare le implicazioni del gesto come superate, di genere? Se avete buone intenzioni nel tenere la porta aperta per un altro essere umano, allora fatelo.

Nota: questa regola si estende agli anziani e a tutti coloro che sono abbastanza vicini dietro di voi e che potrebbero beneficiare di una porta aperta, così come le donne. Gesti gentili per tutti, signori! Se ricevete uno o due occhiate malevole da una donna che non apprezza la mossa, tenete comunque la porta aperta, sorridete e continuate la vostra giornata. I gesti gentili saranno apprezzati 9 volte su 10. Questa regola vale anche per le portiere delle auto.

3. Arrivare (Ovunque) In Orario

Origine

C'era una volta un mondo in cui il concetto di "elegantemente in ritardo" non osava esistere. In realtà, ai bei vecchi tempi, arrivare in ritardo era sempre e comunque scortese. Se eri invitato a cena con la famiglia o con un cliente e sceglievi di presentarti con un elegante ritardo di 15 minuti, di solito eri guardato dall'alto in basso o poco considerato. Non vogliamo nemmeno immaginare cosa sarebbe successo se si fosse arrivati in ritardo ai tempi dei re e delle regine (Tagliategli la testa!).

Come fare oggi

Se ricevete un invito o vi mettete d'accordo con qualcuno, arrivate all'orario concordato. Oggi, arrivare in ritardo indica che non apprezzate il tempo dell'altra persona coinvolta - perché pensate che essere in ritardo sia uno dei peccati cardinali di un colloquio? Anche se le altre persone ritengono "giusto" presentarsi quando vogliono, distinguetevi e presentatevi all'orario che avevate indicato. Alla fine, darete l'impressione di essere più affidabile.

4. Padroneggiare l'arte delle prime impressioni

Origine

Anche se le origini delle sfumature delle presentazioni e delle prime impressioni non sono chiare, si è capito da tempo che una buona prima impressione è duratura e che bisogna padroneggiare l'arte delle prime impressioni - perché avrete una sola possibilità. Durante il Medioevo, in Inghilterra, la stretta di mano al momento del saluto si è evoluta come pratica per stabilire che nessuna delle due parti era armata. Oggi, tutto, dalla stretta di mano al modo di vestire, ha un impatto sull'impressione che si fa.

Come fare oggi

Giudichiamo costantemente gli altri in modo conscio e inconscio. Un vero gentiluomo sa come padroneggiare i passi necessari per fare una buona impressione. Una stretta di mano ferma (non dimenticate il contatto visivo!), una presentazione chiara ed educata di voi stessi e un aspetto curato fanno una buona impressione. Inoltre, se avete qualcuno con voi o state presentando due conoscenti, assicuratevi di sapere questo:

... presentare l'uomo ALLA donna in tutti i casi tranne...

... nel mondo degli affari. In ufficio, presenterete i vostri conoscenti in base al rango e all'importanza, indipendentemente dal sesso. Quindi presenterete il dipendente AL CEO, lo stagista AL Direttore e così via.

5. Avere una Buona Igiene

Origine

L'igiene e il mantenimento di un aspetto ordinato erano un tempo considerati un privilegio della classe superiore. Alla fine dell'Ottocento, i libri sull'igiene e il galateo divennero più accessibili alle classi medie e inferiori, e successivamente le masse cercarono di aumentare le pratiche igieniche nel tentativo di ottenere l'approvazione e lo status di classe superiore.

Come fare oggi

Oggi, non solo la cattiva igiene è vista come una mancanza di rispetto per gli altri, ma è anche il simbolo della propria mancanza di diligenza, disciplina e rispetto di sé. Un gentiluomo moderno rende l'igiene parte della sua routine quotidiana per assicurarsi di essere sempre ben curato, ben pulito e presentabile. Anche se andate al supermercato, non si sa mai chi potreste incontrare.

6. Togliere il Cappello al Coperto

Origine

In epoche passate, gli uomini indossavano cappelli, copricapi e armature per proteggersi dai nemici e dagli elementi naturali. Il copricapo veniva tolto al coperto come segno di fiducia (cioè "un segno che siamo tra amici") e per assicurarsi che gli elementi esterni (cioè pioggia, sporcizia, neve) non cadessero sui pasti o su altre persone.

Come fare oggi

Togliersi il cappello, come ai vecchi tempi, dimostra rispetto per il locale in cui si entra. Inoltre, non è necessario proteggersi dagli "elementi" una volta al coperto!

7. Mettere Fuori una Sedia per la Signora

Origine

Proprio come le origini di tenere una porta aperta, permettere a una donna di sedersi per prima e tenere fuori una sedia per lei, erano un gesto necessario per le donne di alta classe che avevano bisogno di assistenza mentre indossavano abiti scomodi.

Come fare oggi

Ancora una volta, toglietevi dalla testa l'idea che questo sia solo un altro antico gesto che grida "Lo faccio solo perché avete bisogno del mio aiuto". Lasciare che una donna si sieda per prima è un gesto che mostra a lei (sia che si tratti della vostra ragazza, di vostra madre o di vostra figlia) che, anche se avete a cuore la vostra comodità, scegliete la loro comodità come prioritaria.

Inoltre, se e quando possibile, offrite al vostro accompagnatore il posto a sedere con la vista migliore.

8. Capire la Differenza tra Festeggiare con Garbo e La Falsa Modestia

Origine

Chissà esattamente quando è cominciata la tendenza all'ossessione per noi stessi. Quello che sappiamo per certo è che la propensione della nostra cultura a condividere eccessivamente e a vantarsi di tutte le cose straordinarie che accadono nella nostra vita è un fenomeno abbastanza nuovo. Appena 100 anni fa, era immodesto parlare di quanti soldi si guadagnavano, ed era sconsigliato vantarsi dei risultati ottenuti dai propri figli (per esempio), per paura che si "montassero la testa" e avessero "ego gonfiati". Facciamo un passo avanti veloce verso l'inizio del secolo, dove l'avvento di Internet e dei social media ha cambiato tutto. Ben presto è stato socialmente accettabile non solo condividere le proprie realizzazioni, ma anche vantarsene spudoratamente con la garanzia virtuale di essere elogiati e acclamati. Nel 2010, il comico Harris Wittels ha realizzato una rubrica su Twitter dedicata agli "umili compiaciuti", ed è nato il termine ufficiale.

Come fare oggi

Dovete. Resistere. Alla. #FalsaModestia. Anche se vi sentite davvero #fortunati, sia di persona che online, non cedete alla "tendenza" ultramoderna di cercare di sminuire i vostri successi e di auto-disprezzarvi in modo "casuale" in modo da accalappiare sia elogi che simpatia. "Quando non riesci a scegliere tra una crociera alcolica in Messico o una degustazioni di vini a Napa #indecisione #CheDevoFare." Questo non funzionerà a vostro favore (e gli studi lo hanno dimostrato). La gente ha una bassa soglia di tollerabilità verso l'autopromozione di un'altra persona prima di stufarsi. Se c'è qualcosa in particolare che vi entusiasma o vi rende felici, ditelo in modo sincero. Alcune cose da tenere a mente:

Quando ascoltate gli altri parlare, fateli sentire come la persona più importante del mondo, ascoltando attentamente e rispondendo in modo appropriato. Saranno più inclini ad ascoltare attivamente e saranno veramente felici quando condividerete le vostre buone notizie.

Vantatevi solo con le persone che se ne fregano - non andate in giro a sputare false umiltà - a destra e a sinistra come se il mondo vi dovesse qualcosa.

Siate brevi e delicati. Ricordate Gaston del film della Disney? Non siate come lui.

Non mettetevi in mostra. Se qualcuno sta condividendo una buona notizia, non significa affatto che dobbiate la vostra migliore e più interessante. Sminuire qualcun altro non vi porterà da nessuna parte.

Non abbattete gli altri, né direttamente né a titolo di vanto. Se qualcuno è appena stato licenziato (e ne siete consapevoli), non parlate della vostra recente promozione.

9. Le Buone Maniere a Tavola

Origine

Molto tempo fa, in un periodo di feste medievali, le lunghe tavolate erano piene di gente invitata a cenare con i signori e le signore. L'affollamento faceva sì che non ci fosse assolutamente modo di appoggiare i gomiti sul tavolo senza invadere lo spazio del vicino. Inoltre, avere i gomiti sulla tavola dava l'impressione di essere ansiosi di mangiare, e a quel tempo avere fame era il segno distintivo dei contadini.

Le basilari buone maniere a tavola vi distingueranno dagli altri uomini. Sempre. No, non è necessario che sappiate come apparecchiare una tavola (a cosa servono tutte quelle forchette, comunque?), ma dovreste almeno esercitarvi nell'essenziale, come tenere i gomiti bassi, masticare con la bocca chiusa, lasciare che la signora ordini per prima, ed essere gentili con il vostro cameriere.

10. Sapere Quando Mettere Giù il Telefono

Origine

In tempi più semplici, si è capito che bisogna stabilire un contatto visivo e impegnarsi nella conversazione con gli altri. Sognare ad occhi aperti era considerato scortese e guardato dall'alto in basso. Ah, i bei vecchi tempi.

Come fare oggi

L'avvento dei cellulari ha fatto sì che ora abbiamo con noi una distrazione allettante ovunque andiamo. Oggi, purtroppo, è molto comune vedere una famiglia che mangia insieme ma non parla perché tutti sono troppo occupati con il loro telefono o tablet. Se si è in compagnia, soprattutto se in famiglia o a un appuntamento (in particolare a un primo appuntamento), il telefono dovrebbe essere acceso in modalità silenziosa in modo da non disturbare il tempo trascorso insieme. Resistete all'impulso di controllarlo o di deviare su di esso anche se la conversazione sta andando male. Il vostro telefono può aspettare, ve lo promettiamo.

11. Restituire Ciò Che Prendete

Origine

Sconosciuta, ma ci piacerebbe scommettere che il prestito e la concessione di prestiti risalgono... piuttosto lontano nella storia.

Come fare oggi

Prendere in prestito cose dagli altri è una grande responsabilità. Un vero gentiluomo moderno si rende conto che se è possibile restituire una cosa esattamente com'era quando è stata presa in prestito, allora deve farlo doverosamente. Se si prende in prestito l'auto di un amico, è meglio restituire l'auto con la stessa quantità di benzina che aveva quando l'avete presa in prestito (o anche di più!). Se l'unico cibo rimasto in casa è quello della vostra ragazza o del vostro coinquilino e state morendo di fame, faresti meglio a fare un salto al supermercato per assicurarvi che anche lui abbia del cibo. Se siete al lavoro e usate l'ultimo foglio di carta igienica, è meglio che non usciate dal bagno finché non lo sostituirete con un rotolo nuovo di zecca. Vi aspettereste che gli altri facciano lo stesso per voi, vero?

Il Galateo a Cena

Uno dei momenti conviviali più importanti per una persona è il momento di mangiare.

Ecco una lista di consigli di etichetta da seguire durante il pasto!

Galateo del Tovagliolo

Durante i pasti informali, mettete il tovagliolo in grembo subito dopo esservi seduti. Durante le occasioni formali, prima di stendere il tovagliolo, attendere che la padrona di casa tolga il tovagliolo dal tavolo e lo stenda in grembo.

Mettere il tovagliolo in grembo appena seduti.

Quando lasciate temporaneamente il tavolo, mettete il tovagliolo sulla sedia.

Alla fine del pasto, piegate il tovagliolo e mettetelo a sinistra del vostro posto.

Utilizzare le Posate

Come si tiene una forchetta?

Lo stile continentale prevale in tutti i pasti, formali e informali, perché è un modo naturale e non dirompente di mangiare:

- Tenete la forchetta con la mano sinistra, coi rebbi verso il basso.
- Tenete il coltello nella mano destra, uno o due centimetri sopra il piatto.
- Estendere il dito indice lungo la parte superiore della lama.
- Usare la forchetta per infilzare e sollevare il cibo fino alla bocca.
- Durante i pasti informali la forchetta usata può essere tenuta con i rebbi alzati, in stile americano.

L'Apparecchiatura

Decidere quale coltello, forchetta o cucchiaio usare è reso più facile dalla regola "fuori-dentro" - usate prima le posate all'esterno e poi quelle all'interno. Quindi, se vi viene servita un'insalata per prima cosa, usate la forchetta posizionata all'estrema sinistra del vostro piatto.

Il vostro bicchiere dell'acqua è quello sopra il coltello al vostro posto e il piatto del pane è a sinistra. Per ricordare quale piatto di pane vi appartiene e se il bicchiere davanti a voi è vostro oppure è del vicino, usate la regola della "b" e della "p". Toccate l'indice della mano destra con il pollice destro. Toccate l'indice della mano sinistra con il pollice sinistro. La "p" formata dalla mano sinistra serve per il "pane" (il piatto del pane è sempre a sinistra del vostro posto). La "b" formata dalla mano destra sta per "bere" (i bicchieri sono sempre alla destra del vostro posto).

Quando iniziare a mangiare

Ad un piccolo tavolo di sole due o quattro persone, aspettate che tutti gli altri siano serviti prima di iniziare a mangiare. A un pranzo formale o di lavoro, dovreste aspettare che tutti siano serviti per iniziare oppure cominciare quando il padrone di casa ve lo chiede.

Le posate in posizione di riposo

Come si fa a lasciare il coltello e la forchetta sul piatto quando si fa una pausa o si finisce di mangiare?

Quando vi fermate per bere un sorso della vostra bevanda o per parlare con qualcuno, posate gli utensili in uno dei due modi seguenti:

Stile continentale: Posizionare il coltello e la forchetta sul piatto vicino al centro, leggermente inclinati a V rovesciata e con le punte del coltello e della forchetta rivolte l'una verso l'altra.

Stile americano: Appoggiare il coltello in alto a destra del piatto (in diagonale) con la forchetta vicino (coi rebbi in alto).

Dopo ogni portata:

Posizionare il coltello e la forchetta parallelamente ai manici a ore quattro sul bordo destro del piatto.

Passare le Portate

Passate a destra (se la portata non viene data a una persona specifica). Un commensale tiene in mano il piatto mentre il successivo prende del cibo, oppure lo passa alla persona, che si serve da sola. I piatti pesanti o scomodi vengono messi in tavola ad ogni passaggio.

Come passare il pane

Se la pagnotta non è tagliata, tagliatene alcuni pezzi, offriteli alla persona alla vostra sinistra e poi passate il cestino alla vostra destra.

Non toccate la pagnotta con le mani, ma usate il panno nel cestino per tenere fermo il pane mentre lo affettate.

Mettete il pane e il burro sul vostro piatto del burro - alla vostra sinistra - poi spezzate un pezzo di pane delle dimensioni di un morso, metteteci sopra un po' di burro e mangiatelo.

Il galateo del sale e del pepe

Passate sempre insieme il sale e il pepe.

Il galateo della zuppa

Come si mangia la zuppa?

Impugnate il cucchiaio da minestra appoggiando l'estremità del manico sul dito medio, con il pollice sopra. Immergere il cucchiaio lateralmente sul bordo vicino della ciotola, quindi sfioratelo. Sorseggiare dal lato del cucchiaio. Per recuperare l'ultimo cucchiaio di zuppa, inclinate leggermente la ciotola lontano da voi.

Galateo per i posti a sedere

Il vostro padrone di casa potrebbe avere in mente la disposizione dei posti a sedere, quindi dovreste permettergli di indirizzarvi al vostro posto. In qualità di padrone di casa, dovreste suggerire la disposizione dei posti a sedere.

In un ristorante, l'ospite d'onore dovrebbe sedersi nel posto migliore al tavolo. Di solito è quello con lo schienale della sedia rivolta verso il muro. Una volta determinato il posto dell'ospite d'onore, il padrone di casa deve sedersi alla sua sinistra. Agli altri invitati vengono poi offerti posti a sedere intorno al tavolo.

Il galateo del servizio

Durante il servizio di una cena formale, il cibo viene servito ad ogni commensale a tavola; il cameriere presenta il piatto o la ciotola alla sinistra del commensale. In un pasto più informale, o il padrone di casa porta il cibo nel piatto agli ospiti per farglielo passare a tavola, oppure i commensali si servono da soli e passano il cibo agli altri, se necessario.

Fine pasto

In un incontro formale, i piatti vengono rimossi da uno staff di professionisti. Ma poiché la maggior parte dei pasti informali viene servita senza aiuto, il padrone di casa sparecchia i piatti, spesso con l'aiuto di uno o due ospiti. Durante un pasto familiare, i membri della famiglia puliscono i piatti da soli.

Sparecchiare

Se il pasto è formale, i piatti saranno rimossi dal personale di sala.

Durante i pasti informali, il padrone di casa probabilmente pulirà i piatti, possibilmente con l'aiuto di uno o due ospiti.

Durante un pasto in famiglia, ognuno pulisce il proprio piatto.

Lasciate la sala da pranzo. Per segnalare la fine della cena, il padrone di casa cattura l'attenzione dell'ospite, posa il tovagliolo sul tavolo e suggerisce a tutti di andare in un'altra stanza per un caffè e un dopocena. Il padrone di casa si alza dalla sedia.

Quando è il momento di andare via, piuttosto che trattenersi con lunghi saluti, rendete la partenza breve ma cordiale.

Galateo della Conversazione:
5 Cose da Fare e da Non Fare

Credo che tutti abbiamo incontrato persone che hanno un talento innato per la buona conversazione. Possono parlare con chiunque di qualsiasi cosa in modo così disinvolto, da mettere subito gli altri a proprio agio. Un perfetto sconosciuto può allontanarsi da questi maestri della conversazione sentendosi come se li conoscesse da anni.

È facile pensare che l'arte della conversazione sia un'abilità che gli dèi conferiscono a pochi eletti, mentre maledicono la maggior parte delle persone con lingue incapaci.

Se è vero che alcune persone hanno semplicemente una porzione maggiore di fascino naturale, l'arte della conversazione è un'abilità in cui tutti possono diventare competenti. Non avrete mai una lingua d'argento, ma potrete imparare a conversare in modi che vi renderanno un apprezzato ospite della festa, vi distingueranno nelle funzioni aziendali, impressioneranno le signore e vi faranno conquistare nuovi amici. Di seguito, forniamo alcuni consigli e linee guida come introduzione (o promemoria) su come conversare correttamente.

5 Cose da fare durante la Conversazione

1. Ascoltare più di parlare

Ironia della sorte, la chiave dell'arte della conversazione non sta nel parlare, ma nell'ascoltare. Evitate il narcisismo. Fate domande interessanti e ponderate. La gente ama parlare di sé. Non chiedete informazioni solo per poi lasciar perdere.

Chiedete qual è la parte più difficile del lavoro di una persona, come appare il futuro della loro professione. Poi fate delle domande di approfondimento per conoscere i dettagli. Agite con genuino interesse concentrandovi su chi sta parlando, annuendo con la testa e aggiungendo "mhmm" e "uh-huh" al momento opportuno.

2. Preparate gli argomenti di conversazione in anticipo

Mentre si va a una festa o a cena, bisogna pensare alle persone che si vedranno quella sera, alle storie che si potrebbero raccontare e alle domande da fare. "A George piacerà sapere come sta venendo la legnaia. Grace è appena tornata da un incontro con i suoi genitori in Minnesota, quindi glielo chiederò, e vedrò cosa ne pensa Tyler di quel libro che ha appena finito".

Se non conoscete le persone con cui parlerete, pensate alle cose che probabilmente gli interesseranno. Chiedete loro quali sono gli aspetti unici del loro territorio ("Ho visto una statua interessante nel tragitto verso la città. Qual è la storia che c'è dietro?"), leggete informazioni sull'azienda per cui lavorano ("Ho sentito che presto vi espanderete in Cina; quando succederà?), e chiedete a chi li conosce meglio qualche informazione di base.

3. Adattate la conversazione all'ascoltatore

È facile dire: "Non parlare di politica, sesso o religione". E in caso di dubbio, non fatelo. Ma una regola migliore è semplicemente quella di adattare gli argomenti alle persone con cui si sta conversando. Parlare di politica, religione e sesso con nuovi conoscenti può essere imbarazzante; parlarne con gli amici con cui discutete da dieci anni durante la vostra serata di poker settimanale può essere il momento clou della settimana. Parlare di motociclette in compagnia mista annoierà metà del gruppo; non parlarne con il tuo gruppo di motociclisti sarebbe impensabile.

4. Rispettate il vostro turno

Una conversazione è un progetto corale, con ogni persona che intreccia qua e là il filo del discorso. Non è il momento dei monologhi. Se vi accorgete di aver parlato per qualche minuto senza domande, commenti o segni di vita da parte di altre persone, probabilmente state risucchiando l'aria nella stanza. Cedete la parola a qualcun altro.

5. Pensate prima di parlare

La maggior parte dei momenti in cui si dice la cosa sbagliata al momento sbagliato si verifica a causa della tendenza di parlare senza prima pensare. Si farnetica sulla guerra e poi ci si ricorda del fidanzato della propria amica appena tornato dall'Iraq. Per evitare di offendere, non vomitate dichiarazioni cariche di giudizi di valore. Per esempio, invece di dire: "Il sindaco è proprio un idiota, eh? Chiedete: "Cosa ne pensi della proposta di ricostruzione del sindaco?

4 Cose da Non Fare

1. Non interrompere

In realtà ci sono due forme di interruzione, come spiega l'Etiquette di Esquire del 1954:

"Il metodo ovvio, interrompere l'oratore a metà frase, è facile da evitare: basta aspettare che l'altro abbia smesso di parlare prima di iniziare. (E non dite mai: "Hai finito?", tanto vale dire subito che è un idiota pomposo e che pensavate che non avrebbe mai smesso di parlare). L'altro tipo di interruzione, altrettanto colpevole, è spesso preceduto da "Questo mi ricorda..." o "A proposito". Frasi di questo tipo di solito segnalano una digressione o un'irrilevanza. Quando si interrompe il pensiero di un altro o si fa deragliare una discussione in una direzione, si dà l'impressione di essere sciocchi o maleducati, oppure incapaci o non disposti a seguire il punto di vista dell'oratore.

Anche se tutti dovessero rispettare queste regole, i telefoni, i campanelli e i nuovi arrivati cospireranno sempre per interrompervi a metà discorso. Quando si viene interrotti, la cosa più gentile da fare è la più difficile: stare zitti. Non tornate indietro per finire un racconto - non scavate un punto sepolto - a meno che non vi venga chiesto di farlo. Se un nuovo ascoltatore è arrivato a metà del racconto, un'altra persona lo aggiornerà educatamente sull'argomento e vi chiederà di andare avanti; il nuovo arrivato si adatterà; solo allora, facendo la più breve sinossi possibile, potrete andare avanti. Se non vi vengono dati questi spunti, può essere perché la vostra storia non è adatta alle orecchie del nuovo arrivato o perché la situazione andrebbe fuori controllo; non sempre è perché il vostro pubblico si è annoiato.

Quindi, se avete l'occasione di farvi valere in seguito, non esprimete il vostro disappunto con un petulante: "Come stavo cercando di dire un po' prima...".

2. Non parlare con una sola persona quando si è in gruppo

Questo lascia gli altri abbandonati e imbarazzanti ai margini del gruppo. Non si tratta semplicemente della persona con cui si sta conversando fisicamente - si possono anche mettere fuori gioco le persone scegliendo argomenti sui quali non hanno alcun interesse o conoscenza, come la complessità del proprio lavoro che solo il collega capisce, battute comprensibili solo a cerchie ristrette e il "ti ricordi quando" con il vostro amico. Tirate fuori argomenti su cui tutti possono intervenire.

3. Non fate gli "spacconi"

Gli spacconi non solo pessimi amici, ma sono anche conversatori molto fastidiosi. Dici di aver appena comprato degli stivali nuovi; loro ti raccontano delle scarpe che hanno creato con la pelle ottenuta uccidendo un cervo con un coltello da caccia. Lo spaccone crede che le sue storie mostrino la sua superiorità; al contrario, rivelano la sua nuda insicurezza.

4. Non condividete troppo

Abbiamo tutti incontrato la persona che racconta la storia della propria vita non appena la si incontra. In due minuti sapete perché la sua ragazza l'ha mollato, quanto è preoccupato di perdere i capelli e perché non sarà mai promosso al lavoro. Questo sfogo repentino dà l'idea di disperazione e respinge la gente molto velocemente. Bisogna coltivare un po' di mistero, lasciare la gente incuriosita e desiderosa di sapere di più.

E allo stesso tempo, non vorrete nemmeno scavare troppo a fondo nella vita personale di altre persone. Rispettate la privacy degli altri. Per evitare di toccare inavvertitamente un punto sensibile, invece di chiedere a qualcuno di X, offrite volontariamente questa informazione su voi stessi. Una persona che si sente a proprio agio a parlare di X offrirà a sua volta la propria esperienza. Se non risponde in modo gentile, cambiate argomento.

4 Cose da Non Dire

1. "Ti sto annoiando?"

Una domanda imbarazzante - la persona non risponderà mai di no, si sentirà un po' sotto accusa (crederà di starvi guardando con un'espressione disinteressata), e anche se prima non la stavate annoiando, il potere della suggestione gli insinuerà in testa l'idea che la conversazione, dopotutto, era effettivamente noiosa.

Invece di fare una domanda del genere, basta prestare attenzione alle espressioni facciali e al linguaggio del corpo della persona. Se sembrano annoiati, probabilmente lo sono. È ora di cambiare le cose.

2. "Huh?" "Cosa?" "Che dici?" "Eh?" (Quest'ultima va bene se si usa un apparecchio acustico).

Troppo brusco. L'oratore si sentirà a disagio. Chiedete invece: "Qual è stata l'ultima cosa che hai detto? Non l'ho capita". E non annuite e non sorridete quando non sapete cosa è stato appena detto. A volte funziona;

a volte la persona ha appena detto: "Un dingo ha rapito mio figlio ieri sera".

3. "In realtà, dovresti dire "se io avessi", non "se io avrei.'"

Se gli errori grammaticali fanno rizzare i capelli, potreste avere difficoltà a trattenervi dal correggere gli errori degli altri. Ma una conversazione non è il momento di essere pedanti. Ne uscirete compiaciuti e condiscendenti e frenerete bruscamente ogni rapporto che stavate instaurando con una persona. Non fissatevi sulle sottigliezze.

In realtà, se gli errori grammaticali vi fanno rizzare i capelli, potreste voler cercare di intraprendere nuovi hobby.

4. "Fermami se ti ho già raccontato questa storia..."

Nessuno vi fermerà mai. Quindi la domanda non fa altro che prolungare il tempo in cui gli altri dovranno comportarsi come se non avessero mai sentito la storia di quando avete quasi investito Barry Switzer mentre era in sella alla sua bicicletta a cambio fisso vicino ai dormitori dell'OU.

La Regola Numero Uno della Conversazione: Essere Naturali

Come per la maggior parte delle questioni di galateo e di socialità, una volta comprese le regole di base, smettete di pensarci tanto e lasciate che le cose fluiscano. Potete seguire tutti i consigli su cosa fare e non fare, ma se agli altri sembra che le vostre chiacchiere siano simili a una lista, di cose da fare tanto vale discorrere verbosamente di argomenti scabrosi. Non importa quanto siate educati se poi sembrate falsi. Mettete da parte l'affettazione. Scegliete argomenti che vi fanno sentire a vostro agio; lo stesso vale per le parole. Come consiglia l'Esquire Etichette:

"Avrete spesso sentito dire che quello che diciamo e il modo in cui lo diciamo sono il primo segno di riconoscimento della vostra persona e del vostro retroscena culturale - ma c'è altro. Spacciarsi per qualcun altro, piuttosto che essere sé stessi, è un segno di riconoscimento ancora maggiore. Non importa cosa dicono i libri per signore sul "discorso colto", il discorso di un uomo è meglio che non sia colto; dovrebbe prima di tutto essere naturale...

La graziosa gentilezza del discorso che si trova nei libri per le ragazze non fa per lei, signore. Se intendete dire "Scusa", dite "Scusa" - non "Sono così dispiaciuto", nemmeno "Vi chiedo scusa". Se intende dire che la cena è stata dannatamente buona, ditelo; non lasciatevi scappare parole scomode come "squisito" o "delizioso". Lasciate i "miei cari" agli anziani, e il "venite pure" al genere femminile. E dimenticate le frasi apparentemente galanti come "Permettetemi" e "Dopo di voi". Non è un galateo dire le cose in modo lungo o stravagante. Siate voi stessi. Siate uomini.

10 Consigli sull'Etichetta dei Social Media per Account Personali & Aziendali

L'uso dei social media sta esplodendo. Facebook ha più di un miliardo di utenti globali, con Twitter, Google+ e LinkedIn che vantano centinaia di milioni di account attivi. Dai preadolescenti ai cittadini anziani, ogni fascia d'età è collegata, sia che si tratti di social media marketing, di mantenere i contatti con i vecchi amici o di cercare nuove connessioni.

Dato il prolifico ambiente dei social media di oggi, è difficile credere che solo 10 anni fa i social media esistevano a malapena. Anche se è fantastico connettersi con amici e colleghi ovunque e in qualsiasi momento, questa connessione comporta dei rischi. Un tweet o un post su Facebook disattento può alienare i vostri cari e mettere a repentaglio il vostro lavoro.

Anche se le impostazioni di privacy sempre più robuste possono aiutare a tenere nascosta la vostra impronta sociale, è difficile proteggersi completamente. Se utilizzate regolarmente le piattaforme social, seguire il giusto galateo può proteggervi da sfortunati contraccolpi sociali.

Come non utilizzare i social media

Come non dovreste utilizzare i social? Ci sono milioni di modi in cui si può sbagliare. Per esempio, dovreste evitare di inviare tweet potenzialmente offensivi e di cominciare in un dibattito online aggressivo che potrebbe mettervi in imbarazzo di fronte a colleghi o familiari. Altri esempi di scarso utilizzo dei social media sembrano relativamente innocui, ma possono causare gravi danni.

Ad esempio, nel 2011, un insegnante della Florida ha accettato un accordo di 80.000 dollari in una causa per discriminazione in base all'età contro il suo ex datore di lavoro. L'accordo includeva una clausola standard di non divulgazione, che vietava ad entrambe le parti di discutere i termini con chiunque, compresi i familiari. L'insegnante, Patrick Snay, ha fatto il suo primo passo falso comunicando i dettagli dell'accordo alla moglie e alla figlia adolescente - un reato scusabile. Ma a quanto pare non ha parlato ai familiari dell'accordo di non divulgazione. Nel giro di pochi giorni, come riportato da Consumerist, sua figlia si è divertita a vantarsene sulla sua pagina Facebook, ringraziando l'ex datore di lavoro del padre per aver sovvenzionato una prossima vacanza in Europa. Quando i funzionari scolastici hanno visto i post, si sono rifiutati di pagare. Dopo aver perso la battaglia in tribunale, Snay se ne è andato a mani vuote.

Consigli di Etichetta per i Social Media

Magari non vi troverete mai nella posizione di perdere il lavoro o un accordo a cinque cifre a causa di un tweet, ma il corretto galateo online è fondamentale per molte ragioni. I vostri profili personali possono essere visibili a persone che non conoscete, e i vostri post e le vostre condivisioni, una volta resi pubblici, rimangono memorizzati per molto tempo. La vostra presenza sui social media dovrebbe ispirare orgoglio, non rimpianto, e ciò che condividete dovrebbe distinguersi dalle chiacchiericcio quotidiano.

1. Non mischiare affari e piacere

Alcuni personaggi pubblici vengono pagati per pubblicare cose oltraggiose o ispiratrici sui loro social media, ma i semplici mortali non hanno questo privilegio. Se il vostro lavoro richiede di mantenere un account sui social media con il vostro nome, non usatelo per parlare di dove andrete a ballare stasera o per condividere le foto del vostro nuovo cucciolo. Tenete account separati per questo tipo di questioni. Se gli pseudonimi degli account personali e aziendali si assomigliano, fate una distinzione chiara nella sezione dedicata alle informazioni. Per attenuare il colpo di contenuti discutibili, allegate un disclaimer, come "Tutte le opinioni espresse sono mie", ai vostri account personali di Twitter e Facebook.

Tenete presente che le vostre questioni professionali devono sempre prevalere su quelle personali. Ad esempio, se siete stati selezionati per una promozione sul lavoro, ma non siete stati autorizzati a discuterne pubblicamente, resistete all'impulso di condividere le notizie sui vostri account personali sui social media.

2. Attenzione ai Post e alle Foto Taggate

Probabilmente non apprezzate quando i vostri amici vi taggano in foto poco lusinghiere o spontanee, quindi perché metterli nella stessa posizione? Se state pubblicando una foto di gruppo, chiedete il permesso prima di taggare i vostri amici, oppure pubblicate la foto con la didascalia "Taggatevi" per incoraggiare gli altri a prendere l'iniziativa. Inoltre, assicuratevi che le foto del vostro profilo, soprattutto su siti sociali focalizzati sul business come LinkedIn, siano professionali. Le foto ad alta risoluzione che inquadrano il volto funzionano al meglio.

Le regole cambiano per la vostra pagina aziendale, dove un logo o un'immagine rappresentativa potrebbero essere appropriate. Se le questioni professionali vi portano a mantenere una pagina anonima su Facebook o Twitter, sentitevi liberi di essere più creativi con le immagini. Basta che non ci sia nulla di veramente offensivo – visto che è comunque possibile dedurre il proprietario di una pagina anonima.

3. Essere egocentrici a piccole dosi

Anche se capite di non essere al centro dell'universo, la vostra presenza sui social potrebbe farvi pensare il contrario. Prima di postare, twittare o condividere qualcosa, pensate a come gli altri potrebbero interpretarla - sarà percepita come perspicace e informativa, o grossolana e noiosa? Questo è particolarmente importante se dipendete da Facebook, Twitter, Google+, LinkedIn e altri strumenti per commercializzare il vostro lato professionale.

La regola del 4-1-1, che è stata sviluppata per Twitter, ma può essere applicata ad altre piattaforme, è un modello utile. L'idea è che ogni volta che si pubblica qualcosa che è "incentrata su di te", si debbano condividere almeno quattro contenuti scritti da qualcun altro.

4. Il vostro senso dell'umorismo non è universale

A meno che non stiate inviando un messaggio privato, i vostri post sui social media vanno ben oltre i vostri amici e familiari. Ciò che viene detto nello spogliatoio o nella confraternita potrebbe non andare bene in un ambiente in cui si riuniscono persone di diversa provenienza. Questo non significa che non possiate usare un buon umorismo nei vostri post - assicuratevi solo che sia appropriato.

5. Non essere reattivo

Le guerre tra celebrità su Twitter sono divertenti da guardare, ma evitate di farvi risucchiare dai vostri stessi argomenti sui social. Da dietro uno schermo, le conseguenze di un litigio sembrano meno immediate, e molte persone sono disposte a darsi addosso online in modi che non si sognerebbero mai di fare faccia a faccia. Se si fa un po' di casino sui social media, le parole e le azioni possono essere salvate e riportate a galla anche molto tempo dopo.

Ci sono molti modi per iniziare un battibecco sui social media, dal rispondere personalmente a un post politico su Facebook, al richiamare pubblicamente qualcuno per un errore. Non importa come inizia il litigio, i risultati non sono costruttivi. Oltre ad alienare l'avversario e i suoi collaboratori, si potrebbe sviluppare la reputazione di testa calda. E se sei un dipendente senior, come un VP o uno specialista di pubbliche relazioni, il tuo datore di lavoro potrebbe prendere provvedimenti contro di te, anche se la controversia non ha nulla a che fare con il tuo lavoro.

6. Evitate l'eccessiva condivisione

I vostri social media non dovrebbero essere letti come un monologo interiore. Condividere di tanto in tanto quello che il vostro gatto sta facendo o quanto è stata fantastica la cena di ieri sera va bene. Ma la condivisione eccessiva - come pubblicare i cereali che mangiate ogni mattina - è il modo più veloce per perdere i vostri amici e seguaci.

Anche se non usate i vostri account per scopi professionali, la vostra presenza social è una parte importante del vostro marchio personale. Volete che il vostro marchio sia interessante, coinvolgente e rappresentativo delle vostre migliori caratteristiche. Non volete diluirlo con una serie di post irrilevanti.

7. Costruire un'eredità per il futuro

È normale che i datori di lavoro e le istituzioni educative verifichino l'attività dei social media dei candidati prima di concedere un colloquio o di accettare una candidatura, quindi assicuratevi che i vostri profili non mettano a repentaglio le vostre possibilità. Aumentate le impostazioni sulla privacy dei vostri account personali in modo che i vostri post non siano visibili a chi non è in contatto con voi. Rimuovete e togliete il tag alle foto moralmente o legalmente discutibili. Trovate ed eliminate qualsiasi commento denigratorio che avete fatto su precedenti datori di lavoro o colleghi. Assicuratevi che il vostro profilo LinkedIn abbia un curriculum aggiornato e iniziate a collaborare con i gruppi professionali interessati.

Pensate al prossimo aggiornamento di stato - la vostra presenza sui social media contiene anni di informazioni su di voi e la vostra esposizione aumenta con la digitalizzazione della società. Se volete usare i social media per dire e condividere ciò che volete, considerate la possibilità di creare account semi-anonimi sotto uno pseudonimo, come nickname, inserendo nel nome errori di ortografia o usando l'inversione del vostro nome completo.

8. Non fatevi passare per qualcun altro

La disonestà può avere gravi conseguenze personali e professionali, anche sui social media. Potrebbe sembrare facile spacciarsi per quel che non si è, quando ci si nasconde dietro un paravento, ma anche un abbellimento apparentemente innocente sul proprio profilo LinkedIn, come l'invenzione di un titolo più altisonante in un lavoro precedente, potrebbe farvi licenziare. Anche utilizzare i social per prendersi il merito dei risultati ottenuti dai vostri colleghi non va bene.

9. Non bere e twittare

Se si è compromessi in qualche modo - mancanza di sonno, jet lag o un drink di troppo - è più probabile che si infrangano le regole del galateo dei social media. Se vi sentite insicuri del vostro stato, aspettate a scrivere online fino a quando non vi sentirete meglio. Allo stesso modo, se il vostro primo istinto dopo una dura giornata di lavoro o un litigio con il vostro partner è quello di sfogarvi digitalmente, resistete alla tentazione. È possibile che diciate qualcosa che potrebbe danneggiare la vostra reputazione personale o professionale.

10. Comprendere le migliori pratiche di ogni piattaforma

Alcuni principi del galateo dei social sono ampiamente applicabili, e molti sono estensioni della cortesia offline. Ma altri, come ad esempio cosa includere nei messaggi diretti su Twitter, e quando o con chi connettersi su LinkedIn, sono specifici della piattaforma.

Prima di diventare un utente attivo di una nuova piattaforma di social media, informatevi su come utilizzarle al meglio. E poiché queste pratiche possono cambiare con l'emergere di nuove funzionalità, studiatele ogni mese per rimanere aggiornati.

Considerazioni Finali

I social hanno un potere enorme, quindi è importante seguire il giusto galateo quando ci si impegna con gli altri utenti. Dall'evitare un'ampia autopromozione, al mantenere un senso dell'umorismo rispettoso, la maggior parte delle migliori pratiche sono semplicemente una versione high-tech del galateo della vecchia scuola. Ma il mondo dei social media si muove molto più velocemente del mondo offline, quindi è fondamentale pensare agli effetti che le vostre parole, immagini e video possono avere prima di condividerli con centinaia o migliaia di vostri coetanei. Gli abitanti del digitale non sempre sono veloci a perdonare.

Galateo in Aula e Linee Guida di Comportamento per gli Studenti

Lo scopo di queste informazioni è di aiutare gli studenti a comprendere il corretto comportamento in classe. La classe dovrebbe essere un ambiente incentrato sull'apprendimento, in cui docenti e studenti non siano ostacolati da comportamenti scorretti. Se siete studenti universitari e ci si aspetta che agiate in modo maturo e che siate rispettoso del processo di apprendimento, del vostro docente e dei vostri compagni. I membri della facoltà hanno l'autorità di gestire le loro classi per garantire un ambiente favorevole all'apprendimento.

Chiunque accetti il privilegio, esteso dalle leggi della Florida, di frequentare o di lavorare in qualsiasi college statale, junior college o università statale, si impegna, frequentando o lavorando presso tale istituzione, a dare il proprio consenso alle politiche dell'istituzione, al Consiglio di Amministrazione e alle leggi dello stato. Tali politiche includono il divieto di attività di disturbo presso gli istituti statali di istruzione superiore.

Assumersi la responsabilità della propria educazione

C'è un mito comune tra gli studenti che, pagando le tasse scolastiche, pensano di meritare di ricevere crediti scolastici. Questo non è vero. Infatti, gli studenti pagano solo una parte del costo della loro istruzione; i contribuenti pagano il resto del saldo. Gli insegnanti sono qui per creare un ambiente di apprendimento. Imparare dipende dalla volontà di ascoltare, di porre domande appropriate e di fare il lavoro necessario per superare il corso. I corsi del college sono rigorosi e impegnativi; potreste dover lavorare più duramente e cercare più aiuto per avere successo.

Frequentare ogni lezione

Scoprirete che gli studenti che frequentano ogni lezione, ascoltano il docente e prendono buoni appunti saranno più propensi a passare gli esami (con un voto più alto). Se avete un'emergenza o una malattia, contattate il vostro docente in anticipo per fargli sapere che sarete assenti. Uno studio locale ha dimostrato che gli studenti che hanno saltato la prima lezione hanno più probabilità di ritirarsi o di fallire in seguito. Nota importante: se salti una lezione, è vostra responsabilità incontrare il docente, al di fuori del normale orario di lezione, per stabilire un piano per recuperare il lavoro.

Arrivare a lezione in orario

Gli studenti che entrano in classe in ritardo distraggono gli altri studenti nell'ambiente di apprendimento. Controllate il programma del corso per conoscere la politica di frequenza del professore.

Non avere conversazioni private

Il rumore distrae gli altri studenti.

Spegnere i cellulari

Sentire il cellulare di qualcuno che si spegne in classe può far distrarre facilmente.

Non monopolizzate l'opportunità di imparare facendo troppe domande

È bene fare domande e fare commenti, ma se si monopolizza il tempo a disposizione con troppe domande e/o commenti, il docente e gli altri studenti non potranno partecipare alle discussioni in classe. Quando fate domande e commenti, teneteli in relazione alla discussione in corso.

Rispettate il vostro docente

Contestare apertamente le conoscenze o l'autorità del docente in classe non è appropriato. Se non siete d'accordo con le informazioni o i metodi didattici del docente, assicuratevi che i vostri commenti siano fatti senza conflitto o antagonismo. Potreste voler discutere di questo problema con lei o lui in privato. Le politiche, le procedure e gli stili di insegnamento in classe variano: alcuni docenti, ad esempio, applicano con vigore le politiche di frequenza, mentre altri sono più indulgenti. Gli incarichi e le attività in classe sono a discrezione dell'insegnante. Ogni insegnante ha la libertà e l'autorità di stabilire le linee guida e le politiche per la sua classe (nell'ambito delle politiche generali dell'Università). Consultare il programma del docente per informazioni specifiche relative a ciascun corso.

I vostri compagni di classe meritano rispetto e sostegno

Altri possono avere idee e opinioni diverse dalle vostre, oppure possono avere difficoltà a capire le informazioni con la stessa rapidità dei loro colleghi. Ma meritano da voi lo stesso livello di rispetto che desiderate ricevere da loro.

Venite in classe preparati

Gli studenti che dimenticano i comuni materiali di lavoro (come matita, carta, libri, materiali per test, ecc.) di solito perdono tempo in classe. Gli studenti che non hanno completato più volte i compiti assegnati pongono domande alle quali si sarebbe potuto rispondere attraverso i loro compiti.

Consegnate il vostro lavoro in tempo

È importante pianificare in anticipo. Gli studenti che aspettano fino all'ultimo minuto per fare il loro lavoro di solito prendono voti più bassi e hanno più probabilità di non rispettare le scadenze. Studiate e fate i vostri compiti ogni giorno. In questo modo, anche se si dovesse verificare un problema all'ultimo minuto, come ad esempio un malfunzionamento del computer, sarete comunque preparati.

Non portate bambini a lezione

I bambini nelle aule distraggono i docenti, gli altri studenti e voi stessi. È necessario pianificare in anticipo chi si prenderà cura dei vostri bambini.

Galateo per le riunioni su Zoom: 15 consigli e migliori pratiche per le riunioni in videoconferenza online

C'è stato un tempo in cui coloro che lavoravano negli uffici pensavano che la pandemia del coronavirus avrebbe messo fine alle riunioni d'ufficio.

Oh, che sciocchi siamo stati. Che dolci bambini d'estate.

Le riunioni d'ufficio continuano nonostante la distanza sociale, grazie a strumenti di videoconferenza come Zoom, Skype, Microsoft Teams e molti altri. E diciamocelo: a volte è necessario parlare faccia a faccia, anche se questo avviene dietro uno schermo.

Così, con questa nuova era di videoconferenze e incontri online, molti hanno scoperto che ci sono una nuova serie di linee guida da seguire - cose di cui forse non avevamo bisogno di discutere di persona, ma che vale la pena di approfondire ora che molti lavorano comodamente da casa propria - o da subire, a seconda del vostro modo di essere.

Ammettiamolo: lavorare da casa è difficile. Ecco, quindi, alcuni suggerimenti che vi aiuteranno a rimanere produttivi, connessi e il meno imbarazzati possibile mentre ci dibattiamo in questa nuova era del lavoro d'ufficio.

Utilizzare l'opzione video quando possibile.

Permette alle persone di vedervi e di confermare che non siete una voce AI super sofisticata. Questo è particolarmente importante se siete voi ad ospitare la riunione o un oratore, e un po' meno se siete dei partecipanti.

Vestitevi secondo il lavoro che avete, non per il lavoro che vorreste. Non mettete il pigiama!

I tempi sono duri per chi lavora da casa, e indossare pantaloni della tuta tutto il giorno, ogni giorno è uno dei pochi lati positivi. Ma se avete la possibilità di indossare qualcosa di più professionale, è probabilmente una buona idea farlo. Questo potrebbe anche farvi sentire un po' di ritorno alla normalità.

Costruite la zona video.

Tenete presente che le persone non vedono solo voi, ma anche qualsiasi cosa sia dietro di voi. Magari potreste fare in modo che la videocamera non sia rivolta verso un mucchio di biancheria non piegata?

Più luce è meglio.

La qualità video è notevolmente migliorata da una maggiore illuminazione. E non volete che tutti vedano il vostro bel viso, ora che vi siete presi la briga di mettervi i vestiti e tutto il resto? Una lampada in più nelle vicinanze è di solito utile. Assicuratevi solo che la luce sia davanti a voi, non dietro di voi - essere retroilluminati vi rende più difficili da vedere.

Provate a guardare nella videocamera.

Se state presentando o parlando con un gruppo, guardando la telecamera si ha l'impressione di avere un contatto visivo con platea. È anche sicuramente meglio che essere costretti a fissare il proprio volto e rendersi conto di quanto sia necessario un taglio di capelli.

Fate le prove tecniche prima di iniziare.

Assicuratevi di fare un giro di prova e di essere consapevoli delle vostre impostazioni audio e video prima di iniziare. La maggior parte dei servizi di videoconferenza vi permettono di vedere un test di ciò che la vostra videocamera sta registrando prima di iniziare a trasmetterlo a tutti gli altri, quindi fate in modo che tutto sia organizzato nel modo desiderato. Zoom, ad esempio, ha una funzione che consente di testare le impostazioni prima dell'inizio delle riunioni.

Di solito si può anche decidere se entrare con l'audio attivo o silenzioso prima di trasmettere accidentalmente qualsiasi cosa ci sia in televisore nella stanza accanto. A proposito di suono…

Rimanete su "silenzioso" se non dovete parlare.

Il rumore di fondo può essere davvero fonte di distrazione. Se non condividete nulla al momento, mettete su silenzioso finché non dovete parlare. In questo modo, nessuno dovrà ascoltare l'allarme dell'auto che scatta nel vostro quartiere o il cane del vicino che abbaia in continuazione.

Non mangiare durante le riunioni.

A volte può essere un po' fastidioso guardare altre persone mangiare. O ascoltarli mentre masticano, se è per questo. Aspettate se potete, o se proprio non ci riuscite, magari spegnete il video e l'audio.

Non fare altre cose durante una riunione

A proposito di schifo: avete sentito storie dell'orrore di persone che vengono sorprese a mettersi le dita nel naso o a usare il bagno durante una videoconferenza, pensando di essere silenziate o di avere il video spento? Non diventate un caso statistico. Può essere facile dimenticare che le persone possono sentirti o vederti se siete in un gruppo di 30 colleghi, quindi non rischiate!

Rimanete concentrati.

È un fatto scientifico che tutti odiano le riunioni. Non fatela durare più del necessario. Rimanete concentrati sul vostro compito (che può essere molto difficile mentre lavorate a casa) e riducete al minimo le conversazioni inutili. Può diventare molto difficile essere produttivi quando più persone parlano tutte insieme, e ancora di più quando si tratta di sovrapposizioni di audio e schermi video che si mescolano.

A questo proposito ...

Invitate solo persone che hanno bisogno di essere presenti.

C'è qualcuno che dovrebbe essere messo al corrente delle informazioni che vengono condivise, ma che in realtà non contribuirà in prima persona? Sarebbe invece possibile avvisarli via e-mail? Risparmiate a loro, e a voi stessi, qualche fastidio non includendo le persone che non sono necessarie.

Non solo le riunioni sono ampiamente odiate (vedi sopra) ma più partecipanti si hanno, più è probabile che si abbiano problemi di connessione - o problemi video/audio da uno qualsiasi dei casi sopra citati. Meno partecipanti garantiscono una conversazione più fluida e meno sbalzi di connessione. Ottenere una registrazione della riunione può essere a volte utile quanto partecipare.

A questo proposito, è una riunione o un webinar?

La maggior parte degli strumenti di videoconferenza consentono di impostare alcuni membri come pubblico, il che significa che solo alcune persone possono partecipare con video e audio. Se state facendo una presentazione piuttosto che una riunione, questo potrebbe essere il formato migliore che permette a tutti di intervenire.

L'amministratore dovrebbe essere l'ultimo ad andarsene.

Se l'amministratore chiude la riunione, ovviamente questa termina. E come dice sempre Spider-Man, da grandi poteri derivano grandi responsabilità. Quindi, per essere sicuri che nessuno venga tagliato fuori o perda un punto all'ultimo minuto, è una buona idea rimanere nei paraggi finché tutti gli altri non chiudono la riunione.

Rendere privati gli incontri...privati.

Se condividete i dettagli di come accedere all'incontro su una piattaforma pubblica, come Facebook, non sorprendetevi se riceverete dei visitatori indesiderati. Condividete le password solo con le persone che volete incontrare. O meglio, con persone che hanno bisogno di esserci - ci potrebbero essere alcuni colleghi che vorrete escludere, ma solo perché non ti piace Phil della contabilità non significa che potrete evitarlo per sempre.

Scoprite il più possibile su come gestire i partecipanti.

Ci sono molte funzioni su queste piattaforme, come la condivisione dello schermo, il blocco della riunione per i partecipanti attuali, la rimozione dei partecipanti o la loro messa in attesa, il trasferimento di file e la gestione delle opzioni di chat. Potrebbe essere utile imparare cosa si può fare e come farlo prima dell'inizio di una riunione.

Le 10 Regole più Importanti di Etichetta da Seguire per le Presentazioni

Le prime impressioni sono fondamentali. Una presentazione riguarda le impressioni. Ma c'è un libro di regole sul galateo da seguire?

In generale, modelliamo noi stessi e i nostri comportamenti sulla base di ciò che abbiamo visto in passato. I nostri insegnanti sono sempre pronti a dare il meglio di sé. Alcuni danno esempi cattivi. Altri buoni. In ogni caso, vedrete un esempio di galateo di presentazione che funziona, così come un esempio di cattiva presentazione.

Nell'aiutare a scrivere e a progettare le presentazioni, vi aiuteremo anche a formare altre persone. Questi 10 aspetti del galateo rimangono validi in ogni tipo di presentazione, alcuni dei quali si applicano sia alle presentazioni di persona che a quelle online. Sono semplici, ma cruciali per l'impressione che si trasmette.

1. Arrivare presto e preparati

Come abbiamo detto in precedenza, la puntualità è un must. Dovreste arrivare circa un'ora prima della presentazione. So che può sembrare una quantità di tempo esagerata, ma non lo è. C'è da considerare il tempo per parcheggiare, per trovare il luogo della presentazione, l'allestimento e il collaudo delle attrezzature, ecc. - l'elenco è in realtà sufficiente per un'altra sezione. Bisogna anche essere preparati.

Presentarsi in anticipo può garantire la vostra preparazione. Avete il tempo di controllare più volte che tutto funzioni e di avere quello che vi serve. Se tutto dovesse rivelarsi inutile, almeno sarete lì abbastanza presto per improvvisare.

2. Vestitevi in maniera appropriata e mangiate sano

Il modo in cui vi vestirete rispecchierà non solo voi, ma tutto ciò che rappresentate. Vestitevi per l'evento, ma non esagerate. Considerate il vostro pubblico e lo scopo della presentazione per selezionare al meglio il vostro codice di abbigliamento. Mangiare bene ha due implicazioni. In primo luogo, mantiene il vostro rifornimento energetico e vi consigliamo di includere cibi ad alto contenuto di proteine nella vostra dieta. Dall'altro lato, avete mai sentito gorgogliare lo stomaco di un oratore? Può essere scoraggiante e distrarre.

3. Siate rispettosi e premurosi

Essere un esperto non dà adito alla presunzione. Dovete conoscere le buone maniere: "Per favore", "Grazie". Aspettare che gli altri completino un pensiero. Dovete anche capire che il loro tempo è prezioso. Alcuni membri del vostro pubblico potrebbero pensare che stiate sprecando il loro tempo prima di iniziare. Rispettateli e fate in modo che, in cambio del tempo che vi dedicano, voi forniate un valore costante durante tutta la vostra presentazione.

4. Non siate troppo veloci nel reagire

La reazione veloce dà l'impressione che siate sulla difensiva. Lasciate passare un breve secondo tra le domande o le reazioni del pubblico. C'è magia in una pausa. Una breve pausa di 3 secondi non verrà mai notata dal pubblico e vi darà il tempo di respirare, pensare e reagire. Rispondere troppo velocemente può causare riempitivi, come "hmm" e "ahm", o farvi sembrare avventati.

5. Essere consapevoli dell'enfasi delle parole

Il modo in cui aggiungete enfasi alle vostre parole trasmette significato. L'eccitazione nella voce può essere presente, ma l'enfatizzazione di alcune parole cambia l'intero significato della frase. Per esempio, "LEI deve venire con noi?" e "Lei dovrebbe venire con noi?" inviano un messaggio diverso. Nel primo esempio sembra che l'oratore abbia una certa antipatia per la persona in questione. La seconda invece è una semplice domanda. Non si può dire se ci sia un significato aggiunto all'affermazione. Siate consapevoli di come enfatizzate le parole.

6. Gestite il palcoscenico e fate attenzione al linguaggio del corpo

Rimanere fermi in un unico punto vi farà sembrare rigidi. Questa sensazione si trasmetterà a tutto ciò che rappresentate. Calcate il palcoscenico. Questo vuol dire arrivare in anticipo e avere il tempo di conoscere lo spazio con cui si deve lavorare. Muovetevi in modo da poter gestire ogni parte della stanza. Anche il linguaggio del corpo che usate sul palco aiuta a trasmettere il vostro messaggio. Siate precisi e semplici. Ogni movimento dovrebbe avere uno scopo specifico. Non muovetevi solo per il gusto di muovervi.

7. Preparatevi all'imprevisto

A meno che non abbiate capacità psichiche e possiate vedere nel futuro, non potrete prevedere gli imprevisti. Si può, tuttavia, essere preparati agli scenari peggiori. Conoscere il proprio materiale nel caso in cui ci sia un problema in cui non si possano usare aiuti visivi. Forse dovevate parlare a un piccolo gruppo e ora invece ad un intero auditorium, che cosa fate? Rilassatevi e presentate il materiale ai singoli. Assicuratevi di poter lavorare senza il vostro file di presentazione principale, se necessario - anche i vostri file di backup dovrebbero avere dei file di backup.

8. Non voltare mai le spalle al pubblico

Questo è considerato da molti irrispettoso. Dovrebbe essere una regola generale di "migliori regole" per essere sempre rispettosi. Leggere dal vostro materiale cartaceo o video può uccidere l'autorità che esercitate sul pubblico. Inoltre, il pubblico sta investendo del tempo nell'ascoltare la presentazione, quindi non voltategli le spalle. Nel caso di una presentazione online, quando vi trasmettono attraverso il web, rimanete davanti alla telecamera. Se non state usando la fotocamera, ma solo la condivisione dello schermo per presentare i contenuti della presentazione, non allontanatevi mai dal microfono. È l'equivalente di voltare le spalle.

9. Parlare con tono esplicativo

Lo scopo della vostra presentazione è quello di spiegare al pubblico un argomento. Non sanno quello che sapete voi. E nemmeno vogliono saperlo.

Siate concisi, ma spiegate le parole tecniche che utilizzerete. Quando presentate un argomento dovreste partire dal presupposto che questa è la prima volta che gli altri ascoltano le vostre argomentazioni. Il risultato sarà un maggiore coinvolgimento del pubblico.

10. Gli ausili visivi devono essere usati con cautela

Quest'ultimo punto da solo ha molto da dire. Affastellare paragrafi e immagini terribili distruggerà il vostro ausilio visivo. Dovete capire le basi della Cognizione Spaziale Umana e della Teoria del Carico Cognitivo. Vi aiuteranno a capire come gli umani codificano le informazioni nella loro memoria, così come la quantità ottimale di immagini da mostrare. Meno è, meglio è. Usate le metafore visive al posto dei paragrafi prolungati. Per esempio, è possibile sostituire un punto fisico con una metafora grafica. Questo aiuta il pubblico a ricordare facilmente queste informazioni. È una magia, davvero.

Questi sono solo i primi 10 punti più importanti. Prestandovi molta attenzione, vi renderete conto di star dando importanza anche ad altri aspetti del galateo.

Galateo delle E-mail: 10 regole d'oro per mandare e-mail di lavoro

Emoji o non emoji? Firmare con un "Caro", un "Ciao", o niente di niente? Usare un "Sinceramente Tuo" o "Saluti"?

Le e-mail possono essere difficili. Un'e-mail ben fatta può fare la differenza tra un rapporto di lavoro di successo o una potenziale confusione, il sentirsi insultati o un conflitto - tutto ciò può essere accentuato se i vostri dipendenti lavorano costantemente a distanza.

La comunicazione via e-mail appropriata può variare a seconda di diversi fattori, tra cui il settore in cui si lavora, se si scrive a un superiore o a un pari, se si scrive a uno o più destinatari e se si comunica tra culture diverse.

Tuttavia, ci sono alcune regole di base e non, che i team delle Risorse Umane possono utilizzare per guidare i dipendenti.

1. Indicare un chiaro oggetto chiave, e non urlare

Includete sempre un oggetto che rispecchi succintamente ciò di cui parla la vostra e-mail. Se la vostra e-mail è urgente o richiede una risposta immediata, inserite la questione nell'oggetto, ma con parsimonia. Se invece la vostra e-mail non è urgente, non fate "al lupo, al lupo", questo infastidirà il vostro interlocutore.

Non scrivete tutte le lettere in maiuscolo, non importa quanto sia urgente la vostra e-mail, perché sembrerete aggressivi – infatti, è come URLARE IN TUTTA L'EMAIL.

2. Utilizzate sempre saluti appropriati

I saluti sono oggetto di un acceso dibattito. Molti sostengono che si dovrebbe sempre usare un saluto formale. Questo dipende dal destinatario. Se state scrivendo a un collega o al vostro team, un "Ciao" informale sarà probabilmente sufficiente.

Se si scrive una catena di e-mail in cui il contesto è già stato stabilito in una precedente scambio o anche per telefono, allora va bene scrivere senza salutare.

Se state scrivendo a qualcuno che non conoscete bene, aggiungete sempre un saluto formale e un'introduzione.

3. Utilizzare la stenografia solo se si conoscono i destinatari

Se state scrivendo al vostro team a proposito di un progetto di cui avete discusso, potete scrivere brevi e istruttive e-mail con un elenco di punti. Gli altri riusciranno a capire rapidamente il compito e sarà molto più facile da leggere su uno smartphone.

Tuttavia, inviare una nota come questa a persone che non conoscete può farvi apparire schietti, maleducati e persino prepotenti. Se non avete un rapporto preesistente con il destinatario, createne uno prima di scrivere e-mail stenografiche.

Allo stesso modo, non scrivete e-mail superflue, perché questo darà fastidio al destinatario.

4. Attenti all'umorismo o al colloquialismo tra culture diverse

Sappiate che i vostri colleghi degli uffici all'estero possono fraintendere completamente i detti divertenti o i colloquialismi. Nel peggiore dei casi, potreste insultarli, nel migliore dei casi potreste farli sentire confusi o emarginati.

5. Considerate lo scopo della vostra e-mail

Indicate sempre se la vostra e-mail ha bisogno di una risposta ed entro quando. Le e-mail aperte possono creare confusione. Far sapere al destinatario se è necessaria una ulteriore azione oppure no, può essere molto utile.

Qualunque cosa facciate, prima di cliccare su invia, visualizzate quello che volete ottenere e modificate l'e-mail per raggiungere l'obiettivo.

6. Pensate prima di sorridere

Le emoji si sono insinuate nell'uso quotidiano. Con l'aumento delle e-mail e della comunicazione di testo, è impossibile vedere le espressioni facciali, così le persone aggiungono faccine sorridenti per ammorbidire le loro e-mail. Tuttavia, uno studio del 2017 ha dimostrato che questo potrebbe far apparire il mittente come un incompetente.

Dipende dalle norme nella vostra organizzazione e nel vostro settore, ma fate attenzione a quando e a chi inviate le emoji. Se le inviate a persone che conoscete bene e che sapete che capiranno, allora va bene. In caso contrario, cercate di capire se sono davvero necessarie.

7. Non cliccare su "rispondi a tutti" o "CC"

Avete verificato che state scrivendo solo alle persone con cui dovete comunicare? Può essere fastidioso essere citati in ogni e-mail o vedere ogni risposta di una catena se non è rilevante per il destinatario.

.

8. Rispondere in maniera tempestiva

Rispondere sempre entro 24 ore, anche solo per confermare la lettura e spiegare che si fornirà una risposta appropriata entro un periodo di tempo definito. Alla gente non piace essere ignorata!

9. Pensate a dove potrebbe finire la vostra e-mail

Non usate mai un linguaggio inappropriato in una e-mail di lavoro. La realtà è che la vostra e- mail rimarrà sul server molto tempo dopo che l'avrete cancellata.

La questione può essere risolta, ma la vostra e-mail sarà ancora esistente e non vorrete causare offesa o mettervi nei guai per qualcosa che avete stupidamente scritto senza pensarci troppo.

10. Controllate sempre l'ortografia

L'invio di e-mail con errori di ortografia ed errori grammaticali può essere esasperante per i colleghi. Potrebbero pensare che siate troppo pigri per usare il correttore ortografico prima di cliccare su invia. Prendetevi del tempo per rileggere le vostre e-mail, assicuratevi che abbiano un senso e che abbiano il tono giusto prima di inviarle.

È tutta una questione di contesto

In definitiva, ci sono tanti modi per scrivere una e-mail e ogni dipendente ha uno stile diverso e unico.

Tutto si riduce al contesto. A chi stanno scrivendo i dipendenti? Conoscono bene il destinatario? Lo conoscono di persona o solo virtualmente? Come verrà interpretata l'e-mail? E cosa cercano di ottenere attraverso la comunicazione?

Le Risorse Umane possono guidare i dipendenti nei diversi stili di comunicazione interna e stabilire il tono dell'organizzazione - sia dando l'esempio, ma anche attraverso cose come l'induzione, sia nella formazione dei manager.

Assicuratevi che i vostri dipendenti sappiano cosa fare e cosa non fare nella comunicazione interna via e-mail e, se non siete sicuri che lo sappiano, chiedeteglielo. È meglio essere sicuri che dispiaciuti!

Le 50 regole d'oro per il buon galateo negli incontri di affari

Assicuratevi che le vostre riunioni d'affari si svolgano senza intoppi seguendo queste linee guida e consigli utili su come tenere riunioni efficaci

Abbiamo tutti vissuto una "brutta" riunione d'affari. Si presentano in molte forme. Ci sono quelle in cui i partecipanti arrivano con 15 minuti di ritardo, quelle con uno scopo poco chiaro, e poi ci sono quelle di cui non se ne sente il bisogno.

Se siete manager intermedio, dedicate circa il 35% del vostro tempo alle riunioni. La direzione superiore utilizza uno sbalorditivo 50%. Come mai? È possibile che stiamo cercando di fare più cose contemporaneamente, facendo troppe cose in una volta sola, per poi non essere affatto produttivi? O stiamo programmando le riunioni semplicemente per abitudine?

Qualunque sia il motivo, si tratta di passare molto tempo a cercare di far accrescere idee, risolvere i problemi e alla fine ottenere qualcosa. Tutti questi incontri richiedono una strategia che porti al successo. Ecco perché abbiamo stilato un elenco di regole da conoscere su come gestire un incontro d'affari efficiente, sia per i capi della riunione che per i partecipanti.

Questi consigli non sono universalmente applicabili a tutti gli incontri. Alcuni dovrebbero essere riservati solo ai più formali. Speriamo che il lettore si renda conto che questa è una raccolta variegata di consigli - e che si senta libero di scegliere ciò che potrebbe essere rilevante per il proprio ambiente.

Prima di un incontro d'affari

Qual è la cosa più importante da considerare prima di una riunione? Essere preparati. Non solo voi, gli organizzatori, ma anche i partecipanti. I vantaggi sono enormi quando si lavora in modo intelligente e ci si prepara in anticipo.

1. Avete davvero bisogno di questo incontro d'affari?

Non tutto può o deve essere risolto in una riunione. Forse non c'è nemmeno bisogno di programmarla! Ecco perché la prima e più importante regola è quella di avere uno scopo specifico prima di programmare una riunione. Se non avete uno scopo, non programmate una riunione. La questione può essere risolta tramite e-mail o chat veloce? Allora risolvete così.

2. Invitare solo le persone necessarie

Includete solo le persone che sono rilevanti per la discussione o che hanno voce in capitolo. Invitare troppe persone che non sono direttamente coinvolte non è solo una perdita di tempo per voi, ma anche per tutti gli altri. Inoltre, con la sala riunioni piena, non riuscirete a portare a casa un buon risultato.

Jeff Bezos di Amazon sostiene che non si dovrebbe mai fare una riunione d'affari in cui due pizze non possano sfamare l'intero gruppo. L'idea è che più persone partecipano a una riunione, meno si sarà produttivi.

Una volta era la professione a dettare il comportamento, il che significa che i medici si comportano in un modo diverso dai contabili o dai grafici. Ma tutti noi comunichiamo in modi diversi, così come impariamo e ci impegniamo in modi diversi. Se capirete il vostro pubblico, allora saprete anche come coinvolgerlo.

3. Scegliere l'orario giusto

Organizzarsi con più fusi orari o anche solo in un ufficio più grande può essere scoraggiante. In definitiva, è difficile accontentare tutti. Cercate di essere coscienti del fatto che, se state organizzando un incontro transatlantico, alcune persone sono solo all'inizio della giornata, con l'altra metà che la sta concludendo.

Questo influisce sull'orario dell'incontro, ma anche sull'energia dei rispettivi gruppi e sull'impegno di chi si presenta. Non è qualcosa che si può cambiare, ma è qualcosa che si deve tenere presente e riconoscere.

4. Scegliere la sala riunioni giusta

Scegliete la sala riunioni adatta al numero di persone, di attrezzatura e del tipo di riunione che state tenendo. La stessa sala non funziona sia per la sessione di brainstorming, quella veloce e per gli 1:1. È fondamentale trovare l'ambiente giusto.

Non solo la sala deve essere adatta alla sessione che si sta per svolgere, ma deve anche soddisfare i requisiti per il giusto tipo di attrezzatura. Pensate alla compatibilità dei dispositivi, agli schermi, all'illuminazione. E non vagate per i corridoi dieci minuti prima per assicurarvi che ci sia una stanza disponibile.

5. Inviare un invito ufficiale

Non ci si può aspettare che le persone si presentino in tempo se non c'è una data e un orario prestabiliti nel loro calendario. Assicuratevi di inviare un invito ufficiale in anticipo tramite il vostro servizio di calendario preferito, in modo che i partecipanti possano organizzarsi.

6. Di quanto tempo avete bisogno?

Siete mai stati in un incontro di lavoro che è durato più del necessario? Quasi certamente sì. Molte riunioni sono programmate per un'ora intera, alcune anche due, quando dovrebbero durare la metà del tempo o addirittura anche di meno.

Così come non si dovrebbe invitare tutta una lista di persone non necessarie, l'incontro non dovrebbe durare più a lungo del necessario. In definitiva, usare più tempo del necessario uccide la produttività e fa perdere la concentrazione.

La riunione di lavoro standard di un'ora avviene spesso perché è facile da programmare nei calendari e, forse, perché è quello che si è sempre fatto. Le riunioni possono essere più brevi o più lunghe, a seconda dello scopo e degli obiettivi. Chiedetevi se ne avete bisogno e, se sì, quanto tempo vi occorre.

7. Incorporare nell'invito i verbali/resoconti della precedente riunione

È un incontro ricorrente? Allora è probabile stiate per discutere di qualcosa che c'era anche nella scorsa riunione. Includete ciò che è stato discusso nell'ultimo incontro e anche i risultati ottenuti nel frattempo.

8. Delineare ciò che i partecipanti devono portare

Tra i must da portare ad una riunione ci sono gli strumenti per prendere appunti, come un blocchetto e una penna o un portatile. Entrambi possono essere utili. Di questi tempi, di solito va sempre bene portare un portatile per prendere appunti, ma dipende da dove si sta andando.

Avere dei computer portatili nell'ambiente delle riunioni di lavoro può generare procrastinazione e in alcuni casi anche una condotta irrispettosa, quindi siate consapevoli di questo quando programmate e raccomandate alle persone di portarli. Non potremmo vivere senza i nostri computer, proprio come alcune aziende non vanno mai da nessuna parte senza una pila di biglietti da visita. Ma è giusto lasciare da parte la tecnologia, di tanto in tanto.

9. Avere un ordine del giorno

I dettagli di ciò che sarà trattato durante l'incontro aiuteranno voi e gli altri partecipanti a rimanere sull'argomento per tutta la durata dell'incontro. Scegliete un ordine del giorno semplice e inviatelo con diversi giorni di anticipo, in modo che le persone abbiano la possibilità di darvi un'occhiata.

10. Impostare i criteri di successo e calibrare le aspettative

Aumentare l'efficacia delle riunioni aziendali con criteri di successo - sì. Fissare obiettivi e raggiungerli - sì. Riflettete sui vostri progressi e migliorarvi - sì, per favore!

Iniziate quando organizzate l'incontro. Perché vi incontrate? Qual è l'obiettivo? Cosa sperate di realizzare? Quando inviate l'invito, includete l'obiettivo generale. La pressione sociale vi aiuterà a concentrarvi tutti sul raggiungimento dei vostri obiettivi e ad impegnarvi a non perdere troppo tempo. Potrebbe trattarsi di aspettative nascoste e non di qualcosa che dovete presentare all'intera lista dei partecipanti.

Iniziate l'incontro d'affari con un promemoria di come raggiungere il successo e cosa sperate di ottenere dall'incontro. In seguito, è più facile analizzare i progressi che avete fatto e dove potete migliorare.

Non dovreste però guardare solo ai criteri di successo, ma anche saper calibrare le aspettative per voi e per il vostro team.

Una cosa che ogni manager ha sperimentato è la mancanza di impegno dei partecipanti. Anche se hanno dedicato molto tempo e impegno all'organizzazione dell'incontro, è difficile raggiungere gli obiettivi. Bisogna capire che l'impegno profuso potrebbe non essere ricambiato. È una dura realtà, ma come organizzatori non potete scoraggiarvi se pensate che un incontro d'affari non sia andato così bene come vi aspettavate.

Alla fine, tutto ciò serve per conoscere meglio la vostra forza lavoro e per adattare il vostro approccio alle loro aspettative. Sì, è un compito ingrato, ma necessario.

11. Essere preparati

Le vostre slide sono in ordine, il vostro software è aggiornato? Esercitatevi e revisionate la vostra presentazione per adattarla al pubblico e assicuratevi che tutto sia tecnicamente in ordine.

Se vi presentate alla riunione, ma non la ospitate, e avete bisogno di aiuti extra come un puntatore, un certo proiettore o un audio, assicuratevi che l'ambiente della riunione in cui vi troverete abbia l'attrezzatura necessaria pronta. È più facile usare qualcosa dall'ambiente nativo piuttosto che portare il proprio, anche se a volte si vogliono comunque portare degli oggetti aggiuntivi.

12. Fornire copie dei documenti importanti

Inviate i documenti importanti prima delle riunioni di lavoro, invece di distribuirli all'inizio della stessa. Si crea meno distrazione se il materiale è già stato inviato per la consultazione. E sì, è inutile inviare documenti importanti 20 minuti prima dell'inizio della riunione.

13. Controllare l'attrezzatura

Assicuratevi che tutti i partecipanti abbiano accesso al programma adatto se l'incontro d'affari si terrà online. Informateli in anticipo se hanno bisogno di installare un'applicazione o un programma per far sì che la riunione si svolga senza intoppi.

Una soluzione di presentazione wireless come Airtame aiuta ad alleviare un po' lo stress della situazione - tutti i partecipanti devono solo scaricare l'applicazione e sono pronti a iniziare a presentare in modalità wireless.

14. Confermate l'impegno

Se avete programmato la riunione con un certo anticipo, aggiornate i partecipanti un giorno prima per informarli che il giorno della riunione si sta avvicinando. Soprattutto gli ospiti apprezzeranno il promemoria.

Quando si conferma l'incontro, si ha anche la possibilità di condividere nuove informazioni o documenti che riguardano l'ordine del giorno stabilito, e questo è spesso utile.

Naturalmente, questo è rilevante solo per alcuni incontri d'affari, in particolare per quelli di grandi dimensioni e pianificati con largo anticipo.

15. Disdite se avete dei problemi

A meno che non si tratti di un'emergenza, non ci sono scuse per cancellare una riunione pochi minuti prima dell'inizio. Pianificatela in anticipo e avvertite per tempo se doveste avere un problema.

16. Prova la tua presentazione

"Scusate, l'ho preparata all'ultimo minuto," non è una scusa che dovreste usare. Non date per scontato di poter improvvisare una presentazione sul posto. Non c'è una buona risposta a quante volte dovreste provarla, perché dipende da voi, dal luogo, dal pubblico, dai partecipanti, in pratica dall'intera faccenda.

Se state tenendo discorso TED, piuttosto che una chiacchierata con il vostro collega, questo ovviamente richiederà un po' più di pratica. Detto questo, non è mai fuori luogo guardare un paio di volte le slide, correggere gli errori che potrebbero esserci ancora e ripassare quello che si vuole dire.

Inoltre, provare la vostra presentazione o i punti di un ordine del giorno può aiutare a consolidare le vostre buone argomentazioni e sfoltire quelle meno convincenti.

17. Considerare tutti gli imprevisti tecnici in anticipo

Si tratta per lo più di una preparazione a nome del leader della riunione. Non date per scontato di avere abbastanza batteria sul vostro computer portatile o sul telefono per affrontare la riunione, non date per scontato che un video si carichi, non date per scontato che tutto sia a posto... Controllate la vostra configurazione e testatela prima della riunione.

Durante un incontro d'affari

I partecipanti agli incontri d'affari possono essere chiamati dallo stesso ufficio o da qualsiasi altra parte del mondo. Il vostro compito, come organizzatori, è quello di far sì che tutti si sentano i benvenuti. Utilizzate tecnologie che migliorano l'esperienza visiva e la collaborazione in team e lavorate sulle vostre capacità di presentazione.

18. Non fare tardi

Presentatevi in orario. Non ci sono scuse per essere in ritardo ad una riunione d'affari, non importa quale sia il vostro ruolo in essa. Se lo siete, una semplice scusa all'organizzatore e al resto dei partecipanti è sempre apprezzata, basta non farne un dramma.

Anche se di solito tendete ad arrivare in ritardo agli appuntamenti personali, sforzatevi di arrivare sempre un po' in anticipo per le riunioni di lavoro.

Oltre a fornire ulteriore tempo utile per respirare prima di un incontro importante, sarete probabilmente percepiti come più ordinati, dato che non causerete inutili interruzioni.

Abbiamo tutti diversi tipi di personalità, e anche se arrivare in ritardo per gli incontri personali non è un problema nel vostro ambiente, arrivare in orario è generalmente percepito come obbligatorio in ambienti professionali.

19. Designare un leader

Qualcuno deve essere responsabile della riunione d'affari, e molto probabilmente sarà la persona che l'ha organizzata, esclusi l'amministrazione e simili. Ogni incontro d'affari ha bisogno di un leader, qualcuno che sappia di essere responsabile della gestione dell'incontro. I leader sono la chiave per il successo e si assicurano che le azioni per portarlo a compimento vengano intraprese prima, durante e dopo la riunione.

Il responsabile della riunione è responsabile dell'organizzazione, della pianificazione e dello svolgimento della riunione. Ciò include l'invio degli inviti, il controllo dei partecipanti, la prenotazione di una sala, il collaudo delle attrezzature, la garanzia che la riunione proceda in modo ordinato e raggiunga i suoi obiettivi.

20. Decidere chi redigerà il verbale

Anche se il leader della riunione si occupa della comunicazione, dell'ordine del giorno e di rompere il ghiaccio, potrebbe non essere la persona adatta a redigere il verbale.

Poiché l'organizzatore della riunione parla spesso o è molto attento agli altri partecipanti, può essere una buona idea designare una persona che prenda appunti. L'organizzatore della riunione può poi riassumere gli appunti dopo la riunione e inviarli ai partecipanti.

Può anche essere utile per fare video o semplicemente per registrare l'audio della riunione, per rendere più dettagliati i verbali successivi. Se lo si fa, chiedete il permesso e avvisate il resto dei partecipanti in anticipo.

21. Apparire professionali

Apparire sicuri di sé incoraggia ad agire con fiducia. Non siete obbligati a vestirvi in modo formale, ma c'è differenza tra un incontro fra colleghi e una riunione con colleghi fuori sede.

Come regola generale per i presentatori, cercate di non attirare l'attenzione su un dettaglio specifico del vostro outfit attraverso stampe grafiche o colori, come un colore discutibile

delle unghie o slogan sulle t-shirt, ma di rendere l'immagine complessiva neutro, mista e personale.

22. Aspettate che arrivino tutti

Voi siete puntuali, ma i vostri colleghi no. Cominciate la riunione? No. Date loro ancora un paio di minuti e aspettate che tutti siano arrivati o abbiano chiamato prima di iniziare con qualcosa di diverso dalle presentazioni.

Detto questo, però, non aspettate per sempre i ritardatari. Proprio come dovreste essere puntuali voi, anche loro dovrebbero, e non dovete incoraggiare la maleducazione.

23. Sapere dove sedersi

Potrebbe sembrare una stranezza da menzionare, ma la posizione dei posti a sedere in una sala riunioni in realtà dice qualcosa sulla percezione che la gente ha di voi, del vostro rapporto con gli altri e su ciò che volete trasmettere durante la riunione. Non tutti i posti a sedere sono uguali, quindi scegliete saggiamente la vostra seduta.

Sei un power player, un alleato, un concorrente o uno che sta ai margini? Le ricerche mostrano che dovreste usare il capo come bussola in una riunione - se volete essere ascoltati, sedetegli vicino. Se volete passare inosservati, sedetevi lontano, ma non di fronte.

24. Fare le Presentazioni

Date il benvenuto a tutti i partecipanti che si presentano di persona o online. Se si tratta di un incontro di lavoro con gli esterni o con nuovi membri del team, assicuratevi di fare un giro della sala per far conoscere tutti e il ruolo assegnato ad ognuno, in modo che tutti possano fare conoscenza.

25. Siate educati nell'utilizzare i dispositivi tecnologici

Non è sempre necessario spegnere completamente il vostro dispositivo mobile, ma se siete in dubbio se è appropriato (lo è quasi sempre), spegnetelo per essere sicuri. Oppure mettete il silenzioso, la modalità aereo o qualsiasi cosa che non disturbi tutti facendo accendere il dispositivo all'improvviso in un lampo di suono e rumore. Ancora meglio - non portatelo affatto alla riunione di lavoro.

Lo stesso vale per i portatili. I computer portatili sono dispositivi approvati per prendere appunti? Vi servono per la presentazione? Se no, chiudetelo o mettetelo via. Se iniziate a usare il vostro telefono o il portatile per controllare le e-mail o altre cose irrilevanti, altre persone probabilmente seguiranno l'esempio.

26. Limitate il disordine nelle slide

Perché è importante? La risposta è che chiunque può leggere qualcosa senza bisogno di un incontro. Assicuratevi che la vostra presentazione offra nuovi spunti che possano essere compresi a colpo d'occhio.

Con meno confusione, i partecipanti si concentreranno sul presentatore, invece che sulla presentazione. In secondo luogo, è più facile per gli occhi. Lasciate una discreta quantità di spazio bianco invece di ingombrare le vostre slide con parole, numeri o immagini estranee.

Se non sovraffollate le vostre slide, riuscirete ad attirare l'attenzione dei partecipanti. C'è un piccolo test che potete provare per fare in modo che le persone comprendano le vostre slide. Riusciranno a capire cosa sta succedendo dandovi un'occhiata per soli 3 secondi?

Duarte Design usa un'intelligente analogia: Le vostre slide sono come cartelloni pubblicitari, mentre voi, il presentatore, siete la strada principale, il punto focale. Proprio come un autista non dovrebbe distogliere lo sguardo dalla strada per troppo tempo, l'obiettivo principale del pubblico dovreste essere voi.

27. Non interrompere

Anche gli incontri d'affari possono creare un ambiente eccitante o animato, con discussioni appassionate e dibattiti accesi. Mantenete la calma e lasciate che gli altri finiscano di parlare prima di parlare voi stessi. Se avete difficoltà a ricordare i vostri pensieri, scrivete delle note, purché non vi distraggano dall'ascolto.

28. Siate consapevoli delle diverse personalità

Non tutti prosperano in ambienti di incontro d'affari, il che rappresenta una grande sfida per i manager responsabili di un team misto. Ci sono le persone estroverse, i gregari che amano le discussioni aperte e le presentazioni, ci sono quelle più riflessive, precise e riservate.

Queste ultime possono finire con lo spegnersi durante le riunioni o sentirsi a disagio nel far valere le proprie opinioni. In questi scenari, è bene considerare quanto pre-lavoro ci sarà da fare prima della riunione. Questo è probabilmente il luogo in cui può brillare il collega più introverso.

Come scritto nella regola 2, non tutti devono essere inclusi in tutti gli incontri. Ci piace pensare all'analogia della cena: bisogna trovare il giusto mix di persone che si trovano bene l'una con l'altra.

29. Ascoltare!

Ascoltare ciò che dicono gli altri è fondamentale per qualsiasi situazione di riunione d'affari. Ma non solo, mostrare che si ascolta può fare la differenza. Regola il linguaggio del corpo per mostrare entusiasmo, anche se stai partecipando tramite video chat.

Le ricerche dimostrano che essere un buon ascoltatore può anche farti diventare un leader migliore.

Cercando di fare multitasking in una riunione di lavoro, si fa intendere ai colleghi che non sono poi così importanti e qualsiasi cosa stiate facendo contagerà gli altri. Concentratevi, ascoltate attentamente e cercate di capire se il vostro argomento viene trattato durante la riunione.

30. Non dominate le discussioni

Siete intelligenti, brillanti, avete sempre la parola giusta da dire. Ma, come per le interruzioni, monopolizzare la riunione non è un approccio gradito, a meno che non siate il leader e ciò non abbia uno scopo specifico.

Per controllare chi può parlare in un dato momento, alcuni usano anche un aiuto fisico come un pallone. Si spera che questo sia richiesto solo per i partecipanti meno disciplinati.

31. Non procrastinate

Tutti noi procrastiniamo di tanto in tanto, e va bene così. Nelle riunioni di lavoro, non va altrettanto bene. Spetta all'organizzatore assicurarsi che l'incontro sia ben pensato, che non sia troppo lungo e che abbia uno scopo chiaro. È facile per i partecipanti andare alla deriva o concentrarsi su altri argomenti, se le cose sembrano disorganizzate.

Non distraetevi facilmente quando le discussioni vanno fuori tema, aiutate gli altri a rimanere concentrati e regolate il linguaggio del corpo. Tutti questi punti contribuiranno a porre fine al procrastinare.

32. Mantenete il contatto visivo

Non siate goffi: il contatto visivo è un fattore cruciale in ogni buon incontro. È un modo potente per coinvolgere gli altri, sia invitandoli a partecipare alla conversazione, sia facendo sapere loro che sono i prossimi a parlare o a fare un gesto a qualcuno che dovrebbe partecipare alla conversazione.

Provate a gestire un po' meglio la stanza solo usando il vostro sguardo magnetico.

33. Seguite il galateo per le conferenze online

Se state facendo una videoconferenza, dovreste assicurarvi che la foto profilo e il nome utente siano entrambi appropriati. Testate subito i livelli di volume e disattivate l'audio quando non parlate.

Se condividete lo schermo, chiudete tutti gli altri programmi e schede irrilevanti sul vostro computer. Airtame ha appena rilasciato Single Window Sharing, una funzione che consente di condividere una sola finestra a scelta, mentre tutte le altre finestre rimangono nascoste.

34. Rimanete in tema

Se di tanto in tanto vi allontanate dall'argomento - succede nella maggior parte delle riunioni di lavoro - cercate di riportare la conversazione allo scopo principale. Se l'argomento della conversazione andasse alla deriva per troppo tempo, ognuno dovrebbe avere la responsabilità di fare il necessario per riportare la riunione sul proprio binario.

Non solo è accettabile, ma è necessario far sapere agli altri partecipanti se la conversazione è andata male.

35. Fare battute oppure no?

L'uso dell'umorismo è complicato e non sempre ben accolto. In un ambiente con colleghi che si conoscono, può essere utilizzabile e persino aiutare a sciogliere la tensione, mentre può causare tensioni inutili se usato verso clienti o persone che non si conoscono bene.

Se decidete di percorrere la strada dello scherzo, assicuratevi che il vostro umorismo sia adatto al pubblico, non importa quanto bene lo conosciate. Le battute e i giochi di parole di papà possono essere stravaganti e divertenti, ma a volte è meglio abbassare un po' i toni per non dare fastidio a nessuno.

36. Conoscere il proprio pubblico

Ci sono diversi cose che potete fare per intrattenere il pubblico. Prima di tutto, usate un tono appropriato. Pensate all'età, alla demografia, al background, ecc. In secondo luogo, scegliete un argomento che sia rilevante. È improbabile che le persone vi ascoltino se non veicolate il vostro messaggio.

In altri contesti, però, bisogna anche considerare i limiti culturali. Cose come la gerarchia, i gesti delle mani, il parlare a sproposito, anche la durata dell'incontro possono essere tutti collegati a uno specifico contesto culturale - e forse non a quello a cui si è abituati.

La puntualità è essenziale in diversi paesi asiatici, così come lo è un'impostazione gerarchica dei partecipanti alla riunione. I regali sono una cortesia comune, e a volte anche il bere fa parte dell'incontro.

37. Impostare i vincoli di tempo

La regola 5 era importante: se avete prenotato al momento giusto, assicurati di rispettare l'orario. Seguite la linea temporale che avete stabilito per l'incontro e terminatelo in tempo. Non dilungatevi. È poco professionale, demotivante e può avere un effetto a catena su ogni riunione successiva.

Mostrate invece un po' di umiltà e riconoscete pubblicamente che avete cercato di infilare troppa roba in un unico incontro, e che sarà previsto un seguito.

38. Mantenete la calma

È naturale essere nervosi in una riunione di lavoro, ma cercate di fare uno sforzo per mantenere la calma. Mantenere la calma e la presentabilità, cioè il modo in cui ci si comporta, è molto importante e può aiutare a far sì che i contenuti e le comunicazioni risultino chiari.

39. Parlate con sicurezza

Vedete il punto 28 - non tutti sanno hanno un talento naturale in un ambiente di incontro d'affari, e va bene così. Anche le persone più timide troveranno che parlare con sicurezza può convincere loro stessi e il pubblico. In effetti, parlare in pubblico può anche dare una bella scarica di autostima, grazie all'adrenalina che vi spingerà a dare il meglio.

Avete sentito la frase latina "errare humanum est"? Significa che è umano errare, ed è una frase più che adatta all'atto di parlare in pubblico. Gli errori vanno bene, potete anche aggiungere un po' di umorismo leggero, se questo è il vostro stile, per aiutarvi ad ambientarvi.

Quando parlate, non abbiate fretta. Semmai, parlate lentamente anche se per voi è innaturale. Andrà lo stesso benissimo.

40. Siate presenti

Il linguaggio del corpo non è importante solo per l'ascolto attivo. Si è sempre in grado di capire se le persone vogliono stare nella stanza o se preferirebbero stare da un'altra parte. Non tutti gli incontri d'affari sono una festa, ma sarebbe offensivo mostrare che ci si annoia e che si pensa di star perdendo tempo.

Allo stesso modo, si è anche in grado di capire dal linguaggio del corpo degli altri partecipanti alla riunione come si sentono. Questo può essere spesso un buon suggerimento su come sta andando l'incontro.

41. Aiutate gli altri a rimanere attenti

Sia che siate l'organizzatore della riunione o un partecipante, non abbiate paura di richiamare gli altri presenti che vi sembrano distratti, che stanno parlando o stanno in qualche modo disturbando. Anche il più inefficace dei presentatori merita rispetto da parte del pubblico.

42. Date spazio a diversi tipi di impiegati

Sempre più aziende stanno scegliendo le soluzioni da remoto, incoraggiando un'attenzione globale sul posto di lavoro e aprendosi a persone che lavorano da ogni parte del mondo. Ma chi lavora a distanza nei caffè o negli uffici secondari può sentirsi rapidamente emarginato e messo da parte se non si realizzano infrastruttura funzionale che supportino il lavoro da remoto.

Includete il più spesso possibile i lavoratori a distanza o quelli che si trovano in sedi secondarie per garantire la visibilità delle rispettive attività. Fanno parte del team tanto quanto voi, e tenerli aggiornati vi aiuterà a rimanere tutti concentrati.

Dedicare più tempo a queste persone rispetto a quelle che si trovano nell'ambiente primario farà sì che si sentano benvenute e ascoltate.

43. Decidete l'orario delle pause

Durante le lunghe riunioni di lavoro di più di un'ora, programmate le pause e inseritele nell'ordine del giorno. Questo aiuterà i partecipanti a rimanere concentrati. Dimostrerete anche un certo grado di empatia, perché una pausa bagno, un caffè o un rapido ricambio d'aria sono importanti per mantenere alta l'attenzione.

44. Spostatevi

L'organizzazione della sala riunioni non deve necessariamente essere di vecchio stampo, con posti a sedere in stile antico. No, seriamente, non stiamo parlando dei cavalieri della tavola rotonda. Diversi tipi di sale, ricche di tecnologia e presentazioni dinamiche, stanno prendendo il sopravvento, favorendo la collaborazione e la libertà di condividere le idee.

Usate Airtame e un puntatore in modo da non essere legati alla parte anteriore della stanza. La libertà all'interno della stanza vi aiuterà a stabilire una maggiore presenza e ad interagire meglio con i vostri colleghi.

45. Lasciate del tempo per le domande

È un modo ideale per chiudere ogni incontro d'affari - e per chiarire eventuali discrepanze e migliorare la volta successiva. Probabilmente vi renderete conto che avere una fascia oraria dedicata alle domande alla fine è più produttivo rispetto ad avere persone che alzano costantemente la mano e interrompono durante l'incontro.

Se la platea ha così tante domande ben ponderate che non c'è abbastanza tempo per affrontare tutti i punti nel tempo a disposizione, chiedete se vogliono trattenersi oltre per finire la discussione. Ma date a tutti la possibilità di andarsene per tempo prima di fare ipotesi.

Dopo una riunione d'affari

Gli incontri d'affari fanno più spesso parte di un progetto o di una strategia più ampia. Smettete di considerarli come eventi che hanno un inizio e una fine precisi. Tenete pronti voi stessi e i vostri file per essere sicuri di poter riprendere da dove avete lasciato.

46. Ringraziate tutti per aver partecipato

Se avete organizzato la riunione d'affari, assicuratevi di ringraziare tutti per la partecipazione. Fa la differenza e non vi costa nulla.

47. Consegnate appunti/verbali

Condividete note e promemoria dopo la riunione d'affari. Se non sono stati presi appunti, ringraziate tutti per la loro presenza inviando una breve e-mail in cui fate sapere che lo avete apprezzato.

48. Consegnate gli elementi d'azione

Gli elementi di azione dovrebbero essere inviati dopo l'incontro d'affari come promemoria dei suoi punti focali. Non dimenticate di assegnare qualcuno che se ne prenda la responsabilità, perché senza di essi sarebbe inutile. Fissate le scadenze il più presto possibile.

Se avete promesso di consegnare qualcosa subito dopo l'incontro, fatelo il più velocemente possibile.

49. Chiedete – e date – feedback

Tutti noi abbiamo probabilmente provato un qualche tipo di "feedback a panino" - con più o meno fortuna. Ma oltre alle critiche mascherate da complimenti, ci sono altri modi, probabilmente migliori, per esprimere una critica costruttiva. In un ambiente di lavoro è imperativo padroneggiare l'abilità di dare un feedback, sia positivo che negativo, e sareste sorpresi di sapere quanti lo desiderano.

Infatti, gli studi dimostrano che i dipendenti bramano i feedback. Imparate a commentare in modo costruttivo l'incontro stesso e il presentatore. Questo feedback può, naturalmente, essere inviato di persona, ma ci sono anche alcune fantastiche app di feedback come Duuoo che permettono una comunicazione anonima.

50. Valutare e regolare

Seguendo il primo punto di questo elenco, considerate se avete assolutamente bisogno delle riunioni. Non tutte le riunioni di lavoro ricorrenti sono produttive, e non dovreste programmarle solo per il bene delle riunioni stesse.

È possibile cambiare qualcosa per rendere le vostre riunioni più proficue? Provate a cambiare le cose di tanto in tanto e vedete se potete renderle ancora migliori.

14 Sorprendenti Regole di Etichetta Reale che Nemmeno la Regina Può Infrangere

Nessuno è al di sopra della legge. Ci sono regole che si applicano anche ai membri più alti in classifica della società. La famiglia reale del Regno Unito, per esempio, ha i suoi protocolli da seguire.

Ecco una lista di regole che nemmeno la Regina stessa può aggirare.

1. Devono avere un minimo di 6 corvi nella Torre di Londra.

"Se i corvi lasciano la Torre, il regno cadrà...". La leggenda vuole che ci dovrebbero essere almeno sei corvi che risiedono nella fortezza per evitare che la Torre e il regno cadano. Ancora oggi, si prendono molta cura degli uccelli e fanno in modo di tenerli ben al di sopra del numero minimo.

2. Non possono farsi toccare dai non-reali.

Questa è più che altro una linea guida generale ed è spesso ignorata. I cittadini non si avvicinano mai troppo ai reali, ma a volte, quando le celebrità li incontrano, si fermano a posare per la macchina fotografica e il contatto può effettivamente avvenire.

3. Non possono votare.

La ragione per cui la famiglia reale non può avere voce in capitolo in questo tipo di questioni è che il loro voto potrebbe facilmente influenzare l'opinione pubblica in modo sleale. Invece, si trovano coinvolti in scandali e si concentrano sulla cooperazione con il partito al potere e sul mantenimento del buon funzionamento della vita politica.

4. Non possono avere incarichi politici

Serve a garantire che a nessuna persona di origine reale venga dato il minimo potere di influenzare l'opinione pubblica o di usarlo per ottenere un vantaggio personale da questa posizione.

5. Non possono giocare a Monopoly.

Questo è stato accennato dal principe Andrew, duca di York, mentre faceva un'apparizione pubblica diversi anni fa e gli è stato presentato il gioco del commercio immobiliare. Egli ammise che non gli era permesso di giocarci in casa perché a volte poteva diventare un po' troppo vizioso.

6. Non possono mangiare crostacei.

Questa è più una precauzione che una vera e propria regola. Alcuni reali, tra cui la Regina, scelgono di non mangiare crostacei e altri tipi di frutti di mare per evitare reazioni allergiche o intossicazioni alimentari. Altri, come il principe Carlo, mangerebbero volentieri un'ostrica.

7. Devono mantenere l'ordine di precedenza per la disposizione dei posti a sedere e le processioni.

Ci sono regole molto rigide per quanto riguarda l'ordine di precedenza nelle processioni. Se c'è un matrimonio, la famiglia reale deve entrare secondo l'ordine dei suoi ranghi con la Regina (o il monarca regnante) in prima linea.

8. Non possono essere Cristiani Cattolici.

Nonostante questa legge sia stata cambiata nel 2011 e ha liberato la famiglia reale dal regolamento che impedisce loro di sposare una persona di fede cattolica, essi devono comunque rimanere fedeli alla Chiesa d'Inghilterra.

9. Il loro abbigliamento non può inviare messaggi ambigui.

I reali sono tenuti ad essere all'avanguardia nella moda con il loro stile sofisticato ed elegante. Pertanto, le loro scelte di abbigliamento non devono inviare messaggi ambigui. I loro abiti sono di solito modesti ma alla moda.

10. Non possono indossare pellicce.

Fu dichiarato da Edoardo III nel XII secolo che nessuno, compresa la famiglia reale, poteva indossare pellicce. In ogni caso, questa regola sembra essere stata dimenticata perché alcuni reali, e persino la Regina, sono stati sorpresi a sfoggiare le loro pellicce.

11. Devono accettare i doni con cortesia.

Qualunque sia la natura dei doni, tutti i membri della famiglia reale devono accettarli gentilmente. Poiché tutti i doni appartengono alla Corona, la Regina deve decidere chi si terrà il dono.

12. Non possono viaggiare assieme.

Era una regola generale per gli eredi diretti non viaggiare insieme per lunghe distanze, il che aveva perfettamente senso quando il viaggio comportava molti rischi. Ora che è molto più sicuro e confortevole, è comune per i reali viaggiare insieme ovunque vadano.

13. Devono passare il Natale assieme.

Tradizionalmente, i membri della famiglia reale trascorrono il Natale insieme ogni anno. Catherine, tuttavia, ha rotto questa abitudine quando ha deciso di passare il Natale con la sua famiglia. Questo, presumibilmente, non è stato un gesto gradito alla Regina.

14. Non possono mangiare dopo che la Regina ha finito di mangiare.

Chiunque ceni insieme alla Regina, compresi i membri della famiglia reale, deve seguire questa semplice regola: bisogna sempre seguire ogni mossa di Sua Maestà e fare quello che fa lei. Quindi, se lei smette di mangiare, anche tutti gli altri a tavola devono fermarsi.

13 Strane Regole d'Etichetta da Tutto il Mondo

Russia: Non cercate di stringere la mano prima di entrare

Stringere la mano sembra essere il modo educato di salutare qualcuno, e sì, spesso lo è. Tuttavia, quando si è in Russia, non offrite di stringere la mano sulla soglia di una porta; entrate sempre nella stanza, o fate uscire l'altra persona. Si dice che lo "spirito della casa" viva all'ingresso, e attraversarlo per salutare porterebbe sfortuna. Farete buona figura negli affari imparando queste piccole regole del galateo commerciale.

Russia: Non voltare intenzionalmente le spalle alle persone

Quando si sta sgomitando per prendere posto in un teatro, probabilmente si daranno le spalle alle persone sedute. In Russia, questo è considerato scortese. Invece, ci si aspetta che mostri il volto, il che significa che probabilmente li guarderai dritti negli occhi mentre vai al tuo posto.

Italia: Lascia che l'uomo si faccia strada in un ristorante

In Italia, mentre in genere è ancora considerato educato permettere a una donna di entrare per prima in un ristorante, questa regola scompare quando arriva il momento di entrare in un ristorante. Entrando per primo, l'uomo può andare a riservare direttamente un tavolo.

Italia: Posate quel Parmigiano

Negli Stati Uniti, è consuetudine che i camerieri si offrano di cospargere di parmigiano i piatti italiani. In Italia, invece, questo non è affatto normale. Infatti, è considerato assolutamente scortese chiedere il parmigiano, soprattutto se si mangia la pizza. Questo perché il formaggio è visto come incompatibile con la pizza, quasi quanto il ketchup sul salmone. Detto questo, se vi offrono del formaggio extra su un piatto, va benissimo accettarlo. Questi comportamenti maleducati da ristorante sono importanti da evitare in qualsiasi parte del mondo.

India: Non mangiate con la mano sinistra

In India, evitate di mangiare con la mano sinistra perché questa è considerata disgustosa, in quanto viene normalmente usata per pulirsi in bagno. Lo stesso vale per i paesi del Medio Oriente e in alcune parti dell'Africa. D'altra parte, questi sono dei modi considerati maleducati sono in realtà il contrario in altri paesi.

Regno Unito: Passate il Porto alla vostra sinistra

Ma indovinate un po'? Se vi trovate in Gran Bretagna, la sinistra è importante: dovreste passare il Porto solo in quella direzione. Passare il vino da dessert a destra è considerato una violazione del galateo. Così come lo è dimenticare di passare il Porto, punto e basta. Ma non preoccupatevi. Se vi dimenticate, la persona che lo sta aspettando potrebbe dirvi: "Conosci il vescovo di Norwich? È una brava persona, solo che si dimentica sempre di passare il Porto".

Cile: Non usate le mani per mangiare

In America va benissimo mangiare il finger food con le mani, e in alcuni paesi, mangiare con le mani è in realtà incoraggiato. Tuttavia, questo non è il caso del Cile, dove il galateo corretto richiede di mangiare tutto con forchetta e coltello.

Non tirate lo sciacquone in questi paesi

Se siete in viaggio in Grecia, Turchia, Macedonia, Montenegro, Bulgaria, Ucraina, Marocco, Egitto o Pechino, rendetevi conto che l'impianto idraulico potrebbe non essere progettato per lo scarico della carta igienica, e i servizi igienici saranno dotati di speciali cestini per collocare la carta igienica usata. Il mancato rispetto di questa parte del galateo per i servizi igienici potrebbe portare ad intasamenti e persino ad allagamenti. Assicuratevi di conoscere queste altre regole di galateo da seguire in un bagno pubblico.

Corea: Il rispetto si dimostra a due mani

In Corea, quando una persona anziana vi offre da bere, l'etichetta corretta è quella di riceverlo con entrambe le mani, e poi girate la testa all'indietro mentre bevete il primo sorso. È una dimostrazione di rispetto, e il rispetto per gli anziani viene preso sul serio in Corea.

India: Scrivi invece di telefonare

Può sembrare sorprendente, ma il fatto è che la maggior parte delle piccole imprese in India non ha nemmeno un telefono fisso, il che ha portato a una cultura in cui il mandare messaggi di testo è considerato appropriato, e non solo per le comunicazioni personali. Quindi, se sei in India e desideri conoscere, diciamo, l'orario di lavoro di un particolare negozio, invia un SMS, piuttosto che chiamare.

Regno Unito: Attenzione ai gesti con le dita

Mostrare il dito medio a qualcuno è una pessima pratica in molti paesi, ma nel Regno Unito è considerato una pessima abitudine anche mostrare una "V" a qualcuno usando il dito medio e l'indice come un segno di pace al contrario. Infatti, gli inglesi generalmente considerano la "V" come l'equivalente di dare il dito medio.

Niente "pollice in su" in questi paesi

In Russia, in Grecia, in Iran, in Sardegna e in alcune parti dell'Africa occidentale, un pollice in su ottiene un pollice in giù, perché questo gesto equivale a mostrare il dito medio.

Francia: Baci, non abbracci

In Francia, gli abbracci possono essere considerati più intimi dei baci. Invece, quando si saluta qualcuno a cui non si è così vicini, bisogna essere pronti a stringergli la mano o a baciarlo (due volte su ogni guancia - o in alcune regioni, anche di più). Oltre alla regola del "niente abbracci", non dovreste mai portare crisantemi al vostro ospite (questi fiori sono associati ai funerali) o qualsiasi altro fiore giallo (potrebbe voler dire che il marito della padrona di casa la tradisca!)

7 Regole Bizzarre di Galateo del Passato

Quando si tratta di seguire le regole del galateo, ammetto di essere un fan di alcune regole che mi sembrano un po' superate. Sono fastidiosamente puntuale, adoro inviare e ricevere biglietti di ringraziamento, e mi fa davvero impazzire quando qualcuno ha una lunga e rumorosa conversazione telefonica mentre è sui mezzi pubblici. (alcuni di noi stanno cercando di leggere. I messaggi di testo esistono per un motivo!) Ma dopo aver fatto una piccola ricerca sulla storia del galateo, non mi ci è voluto molto tempo per capire che cento anni fa, a) sarei stato considerato completamente incivile e b) sarei stato così stufo delle regole e degli standard del galateo di quell'epoca che avrei semplicemente rinunciato a socializzare del tutto.

Non è particolarmente sorprendente sentire che, in passato, la maggior parte delle regole del galateo erano generalmente super sessiste. Inoltre, probabilmente non vi sorprenderà sapere che le regole del galateo relative agli appuntamenti (uh, voglio dire "corteggiamento") erano assolutamente ridicole. Ma onestamente, aderire alle regole del galateo in passato non sembra essere stato piacevole per nessuno, non importa il sesso. Per esempio, negli anni Novanta del XIX secolo, un individuo poteva essere liquidato come ipocrita solo in base al tipo di ombrello che portava. E nella stessa epoca, non solo i temi della politica e della religione erano off limits alle feste - ci si aspettava che si andasse cauti quando si discuteva di musica e di arte (così ci si può dimenticare di un vivace dibattito sul fatto che T. Swift e compagni siano sopravvalutati o meno).

<u>Ecco sette bizzarre regole di galateo che siamo fortunatamente non vengono più utilizzate:</u>

1. Le donne vittoriane non potevano dare a un uomo un regalo comprato in un negozio

Nella società vittoriana, le coppie che si corteggiavano dovevano attenersi a rigide regole di galateo sullo scambio di doni tra di loro. Una donna non poteva fare un regalo a un uomo se prima non glielo aveva fatto lui. Gli uomini avevano opzioni piuttosto limitate quando sceglievano un regalo - fiori, libri e caramelle erano considerati accettabili. Una volta ricevuto un regalo, una donna poteva farne uno in cambio - ma doveva essere economico e tipicamente fatto a mano. Quindi, quelli di noi che vedono i propri progetti di Pinterest non riuscire mai bene come avrebbero dovuto, sarebbero stati sfortunati all'epoca.

2. Il modo di passeggiare di una donna diceva molto del suo temperamento nel XIX secolo

Nel XIX secolo, Emily Thornwell era considerata una prestigiosa consigliera sociale per le giovani donne. E aveva dei criteri piuttosto severi per il modo appropriato di camminare in pubblico: "Una signora dovrebbe adottare un'andatura modesta e misurata; una fretta troppo grande mette a repentaglio la grazia che dovrebbe caratterizzarla". Se camminare veloce è sbagliato, non voglio avere ragione - ma credo che la Thornwell mi avrebbe considerata seriamente incivile. (Ma va bene così - devo raggiungere dei posti).

3. Il tipo di ombrello usato dicevamo molto sulla persona nel 1890

Robert Louis Stevenson era talmente convinto del galateo degli ombrelli che nel 1894 scrisse un intero saggio intitolato "The Philosophy of Umbrellas" (La filosofia degli ombrelli). Cominciò osservando che gli ombrelli erano diventati un indicatore della posizione sociale, e affermò che gli ombrelli di seta sono per gli ipocriti, mentre quelli di tessuto a quadretti sono per i "dignitosi e rispettabili ". Quindi, è una cosa a cui pensare la prossima volta che vieni sorpreso da un acquazzone e hai bisogno di correre nel negozio più vicino per prendere un ombrello.

4. "Regge l'alcol" non era un complimento per le donne nel 1940

Il libro di galateo di Vogue del 1948 conferma i miei sospetti che non sarei stato felice nella prima metà del ventesimo secolo. Il libro chiarisce che le donne aggraziate non devono essere lodate per la loro capacità di reggere l'alcol: "'Può certamente reggere l'alcol" non è un complimento. Quindi era considerato femminile essere messa fuori gioco dopo un Martini? Che confusione!

5. Alle donne single negli anni '50 si diceva di "evitare le cattive apparenze"

Dopo aver dato un'occhiata al titolo di cui sopra, vi starete probabilmente chiedendo che tipo di comportamento avreste dovuto tenere durante un appuntamento che potesse essere considerato "diabolico". Non preoccupatevi - Il Libro completo del galateo di Amy Vanderbilt, pubblicato nel 1952, esisteva solo per spiegare questo tipo di cose alle signore. Ecco le sue regole di base per un appuntamento di successo: "Una ragazza non ancora adolescente farebbe meglio ad evitare [le cene dagli scapoli] a meno che non siano presenti altri, molto più maturi di lei. Una ragazza fatta, dai vent'anni in poi, può accettare un invito del genere, ma non dovrebbe rimanere oltre le dieci o le dieci e mezza". Quindi cenare a casa di un ragazzo = male? Capito. Sono contento che abbiamo fatto questa chiacchierata!

6. Molti argomenti erano fuori discussione alle cene nel 1890

Nel 1895, Lady Constance Howard scrisse "Etiquette of Dinners" per Home Chat. E lasciate che vi dica una cosa: seguire queste regole porterebbe a delle conversazioni noiose per la cena. Secondo Howard, non solo i temi della politica e della religione dovrebbero essere evitati a tutti i costi durante la conversazione, ma "la padrona di casa che possiede tatto non discuterà di musica o pittura con persone che non hanno gusto per entrambi". Dici sul serio? Se non posso citare apertamente le mie battute ridicole preferite dell'ultimo dibattito presidenziale, che senso ha anche solo andare a un incontro sociale? Grazie per il consiglio, Lady Constance, ma avrei preferito rimanere a casa a guardare Netflix. (Sapete, se Netflix fosse esistito nel 1895).

7. Alla fine dell'Ottocento c'erano restrizioni sul ridere e sul sorridere

Alla fine dell'Ottocento, alle persone ben educate veniva insegnato a ridurre al minimo le risate, e sorridere troppo era disapprovato. Che crudeltà! Il povero Buddy the Elf sarebbe stato espulso dalla società in pochi secondi.

E la cosa peggiore è che ci si sarebbe dovuti trattenere dal ridacchiare per tutte le ridicole regole sugli ombrelli, sul corteggiamento e sul modo più educato di camminare.

9 798676 444587